千秋醇儒
曾鞏

筆力雄贍
填詞度曲
倡揚儒學
文名詩譽名噪天下
水之江漢星之斗

張繼平 —— 著

文列班楊伯仲間，北宋一燈傳作者

南豐先生，雖然早已隕落在歷史的星空下
但他的文字卻在中國文學史上永遠熠熠生輝
「七子」也好，「八家」也好，曾鞏大名始終列於其中

目錄

引言
每得風流太守來

真感謝曾鞏來濟南當「父母官」。

宋神宗熙寧四年，也就是西元一〇七一年，這年春夏兩季，齊州大地久旱無雨。天上烈日當頭，驕陽似火；禾苗焦枯，土地乾裂。

農曆六月十三那天，天上突然烏雲密布，隨著陣陣雷鳴，一場大雨從天而降。既而，雨過天晴，天地一新。人們興奮地湧上街頭，歡呼著、雀躍著，擊鼓焚香感激老天爺降下甘霖。

這天早上，五十三歲的江西南豐人曾鞏剛進濟南境內，就遇上了這場雨。他和隨從策馬揚鞭，冒雨前行。他要盡快趕到城裡的署衙，正式接印視事，擔任齊州知州。

進入齊州地界的第一天，便喜逢及時雨，曾鞏自然心情大悅。顧不得舟車勞頓，六月十六日，在州衙舉行完接印儀式後，當上齊州最高行政長官的曾鞏興奮地在住所旁親手種下了一株海棠樹。此後，曾鞏在這兒住了整整兩年。如今這株被後人稱作「宋海棠」的古木，雖歷經千載依然老樹新芽，枝繁葉茂。每到春季花開時，珍珠泉畔的海棠園裡便花香四溢，沁人心脾。

宋海棠

　　上任第一天，曾鞏一直忙到深夜。

　　按照古代慣例，臣子到任後要給皇帝上謝表，以感激皇
帝對自己的信任和重用。這夜，曾鞏向皇帝匯報：「伏奉敕
命，就差知齊州軍州事，已於今月十六日到任上訖。」並表
示，自己在齊州任上「不忘夙夜，勉盡疲駑」，「誓無易於
初心」，一定要把齊州這個「難治」的「劇郡」（政務繁劇

的大郡）治理好。（見《元豐類稿‧卷二十七‧齊州謝到任表》）所謂「誓無易於初心」，就是「一定不改初心」。

　　曾鞏是從越州（今浙江紹興）通判任上來任齊州太守的，通判算個行政副手。雖然是第二把手，但曾鞏秉性使然，仍以關注民瘼為己任。他看到紹興人民遇上災害吃不上飯，便採取了一系列措施賑濟百姓。在賒糧的同時，他還極力主張貸款給百姓糧錢五萬，秋後償還。兩年後，他來齊州任太守，就是地方行政的第一把交椅了。職位高了，權力大了，他可以不改初心地甩開胳膊施展拳腳了。

曾鞏

　　後來明代詩人王象春在〈濟守〉一詩讚道：「濟南自古多名士，每得風流太守來。」「名士」是指文采俊秀之人，

「風流」兼有政治清明、教化流行之義。

風流太守，是一個褒義詞！

濟南的「風流太守」，王象春在詩注中列舉了四位，除第一位「唐之李邕」（人家是北海太守哩）列錯外，第二位就是「宋之曾鞏」，另兩位是宋之晁補之和元之趙孟頫。王象春稱讚他們「皆風流蘊藉，民享安富之福」。

如王象春所言，風流太守曾鞏知齊州，的確是濟南人民之福。

濟南在歷史上有過多種名稱，比如西周時稱為譚國，春秋時稱為濼邑，戰國時改為歷下邑，漢代初年稱為歷城縣。《史記》記載，漢高後元年（西元前一八七年），「割齊之濟南郡為呂王奉邑」，「濟南」一名自此而始。漢時濟南國、濟南郡的名稱來回交替使用，王莽新朝時濟南還叫過十幾年「樂安」。西晉永嘉末年（西元三一二年），濟南郡治所由東平陵移至歷下，「而城始大」（《歷乘・建置》）。隋文帝開皇三年（西元五八三年），濟南郡改稱齊州。此後五百多年間，齊州、齊郡、臨淄郡、濟南郡，名稱多次交替使用，「齊州」的名稱用時最長。直到西元一一一六年，宋徽宗時，朝廷認為齊州是軍事、經濟要地，就把齊州升格為府，定名濟南府。北宋時的齊州下轄五縣，分別是歷城縣（今歷城區）、禹城縣（今禹城市）、章丘縣（今章丘區）、長清縣（今長清區）和臨邑縣。

曾鞏來濟南時，濟南還叫齊州，升濟南府是他離任四十多年後的事。

曾鞏來了，故事即將開始……

故事開始前，先來看看曾鞏先生的個人資料：

姓名：曾鞏

別名：子固（字）

雅號：南豐先生

性別：男

民族：漢

原籍：南豐（今江西南豐）

學歷：嘉祐二年（西元一○五七年）進士

生卒：西元一○一九年年九月三十日（宋真宗天禧三年八月二十五日）至一○八三年四月三十日（宋神宗元豐六年四月十一日）

屬相：羊

興趣：散文、詩歌創作

家庭關係：父親曾易占曾任宜黃縣尉、臨川縣尉、越州節度推官、如皋縣知縣、玉山縣知縣等。

母親：吳氏，三十五歲早亡。

繼母：朱氏，元豐五年（西元一○八二年）去世，享年七十二歲。

妻：晁氏（原配）、李氏（繼室）。

子：曾綰、曾綜、曾綱。

兄：曾曄，字茂叔（為曾易占第一任妻子周氏所生）。

弟：曾牟，字子進，嘉祐二年進士。

弟：曾宰，字子翊，嘉祐六年進士。

妹：曾德操等九人。

弟：曾布，字子宣（為繼母朱氏所生），嘉祐二年進士。官至右僕射兼中書侍郎（宰相），死後被追贈為觀文殿大學士，諡號文肅。

弟：曾肇，字子開（為繼母朱氏所生），治平四年進士。曾在十四州府任職，官至禮部侍郎、中書舍人。

人際關係：

老師：歐陽脩。

摯友：王安石、蘇軾、范仲淹、趙抃、梅堯臣、孔武仲、孔平仲等。

學生：陳師道等。

主要經歷：

西元一〇五七年（嘉祐二年）中進士後出任太平州（今安徽當塗）司法參軍；

西元一〇六〇年（嘉祐五年）得歐陽脩舉薦奉詔赴京師入充館職，負責古籍校勘、整理工作；

西元一〇六九年（熙寧二年）出任越州通判；

西元一〇七一年（熙寧四年）任齊州（今山東濟南）知州；

西元一〇七三年（熙寧六年）赴襄州（今湖北襄陽）任知州；

西元一〇七六年（熙寧九年）任洪州（今江西南昌）知州，兼江南西路兵馬都鈐轄；

西元一〇七七年（熙寧十年）任福州知州，兼福建路兵馬都鈐轄；

西元一〇七九年（元豐二年）任明州（今浙江寧波）知州；同年移任亳州（今屬安徽）知州；

西元一〇八〇年（元豐三年）移知滄州（今屬河北）；

西元一〇八一年（元豐四年）赴京任史館修撰，次年拜中書舍人。

獲得榮譽：「唐宋八大家」之一、「千秋醇儒」、「南豐七曾」（曾鞏、曾肇、曾布、曾紆、曾紘、曾協、曾敦）之一。

看完這份資料，曾鞏與濟南的故事就正式開始了。

唐宋八大家

第一章
初到濟南 喜有西湖六月涼

　　還是回到北宋年間的濟南吧。

　　十一世紀的齊州，不僅是一座底蘊深厚的文化城市，還是一座城即園林的風景城市。它北瀕清河，南依泰脈，城廂一帶百泉競發，湖河匯波，饒有湖山之盛。

　　早於曾鞏來此之前，唐代的「詩仙」李白、「詩聖」杜甫、「詩雄」高適以及書法大家李邕都曾以優美的詩章讚盡了齊州風光。唐天寶四年（西元七四五年）夏季的一天，年近古稀的北海太守李邕從北海（今山東青州）趕來濟南，陪杜甫遊覽大明湖並在歷下亭設宴招待他。就是在這次聚會中，杜甫寫下了那首著名的五言詩〈陪李北海宴歷下亭〉。詩中「海右此亭古，濟南名士多」一聯，至今是濟南人宣傳城市的必用語。杜甫這十個字，可謂對濟南歷史文化最典雅的整體概括。

　　李白、杜甫、高適走後三百年，文學大家曾鞏來了！他一來便被這座城市的湖光山色深深吸引住了。

　　齊州，哦，濟南，看來曾鞏對「濟南」的稱謂更感興趣，面對大好的濟南自然風光，他不禁浮想聯翩，詩興大發。於是，他揮筆寫道：「總是濟南為郡樂，更將詩興屬何人？」（〈郡齋即事・其二〉）濟南是美的淵藪，濟南的泉水是「水湧若輪」的，作為「唐宋八大家」的曾鞏，在這裡又怎能不靈感勃發呢？

　　大明湖畔、趵突泉邊、鵲華山間，曾鞏留下了一串串腳印，也留下了許許多多的詩章。在濟南的七百餘天時間裡，他寫下了十幾篇散文，詩歌創作更是多達七十餘首，比其存世詩作的六分之一還多，其中直接題詠濟南風物勝景的有六十首，在其著作《元豐類稿》中有關齊州的作品數量也最多。宋代學者黃震有論曰：「（曾鞏之詩）多齊州所作，有欣然安之之意。徙為他州，所不作。雖作，不樂之矣。豈齊其壯年試郡，而後則久困於外，不滿其當世之志耶。」（黃震《黃氏日抄・卷六十三・齊州雜詩序》）

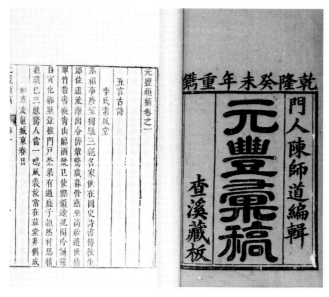

元豐類稿

大舜

到任後的第一件事，曾鞏風塵僕僕拜謁了舜泉（位於今舜井街中段路西）。想到舜耕歷山的傳說，曾鞏暗下決心在齊州任上弘揚大舜為民的精神並世世代代傳承下去。他在〈齊州到任謁舜廟文〉中寫道：「維帝側微之初，躬耕此土，歷數千載，盛德彌新，傳於無窮，享有廟食。（曾）鞏受命出守，敢陳薄薦。維帝常垂陰施，惠此困窮，庶使遺民，永有依賴。」（《元豐類稿·卷三十九》）當天，曾鞏又揮筆寫下來濟南後的第一首詠泉詩：

山麓舊耕迷故壟，井幹余汲見飛泉。
清涵廣陌能成雨，冷浸平湖別有天。
南狩一時成往事，重華千古似當年。
更應此水無休歇，餘澤人間世世傳。

（〈舜泉〉）

詩中的「南狩」，也寫作「南守」，指南巡。舜帝登位三十九年時，不顧年事已高，到南方巡視，途中病重而故，

葬於蒼梧。他的兩位妻子——娥皇和女英，連夜從濟南趕往南方，得知丈夫已為國殉職，不禁「相思慟哭，淚下沾竹，文悉為之斑斑然」。這種帶著淚斑的竹子，後人稱之為斑竹、湘妃竹。娥皇、女英痛哭夫君，淚水流盡，繼之以血，隨後姊妹倆雙雙跳進湘江殉夫。「重華」是舜的名字，有許多介紹文章都解釋為：因為舜的長相奇

娥皇女英

特，他的眼球上有兩個瞳孔，「重」者，雙也；「華」者，瞳子之光華也。其實，這是一種謬解。據唐代孔穎達（西元五七四年至六四八年）註疏：「此舜能繼堯，重其文德之光華。用此德合於帝堯，與堯俱聖明也。」孔穎達的意思是：舜「曰重華」，是因為舜能繼承堯的大業，重現了堯以「文德」治天下的光華。用此德治理天下符合堯的思想，舜和堯一樣，都是聖明之主。所以，「重華」是「重現帝堯文德之光華」的意思。結合舜繼帝位後的施政方略、巡守制度、禪讓帝位和功業政績來看，孔穎達的解釋或許更接近真實。曾鞏在這首詩中將舜稱之為「重華」，可謂用心良苦。

　　曾鞏見舜井泉源以及向北流經的河渠已被淤塞匯瀦，便利用工作之餘，親自率人在夜間將其疏濬。後來，他的老師歐陽脩途經齊州時，聽說「歷山之下有寒泉」，親往拜謁舜泉，看到曾鞏率人疏濬一新的舜泉，歐陽脩對自己的學生大加讚揚：「齊州太守政之暇，鑿渠開沼疏清漣。」（歐陽脩〈留題齊州舜泉〉）

　　拜舜泉，也讓曾鞏深感責任在肩，只有夙夜在公，久久為功，才能為官一任，造福一方啊！他暗下決心。

　　此後，曾鞏來到大明湖畔，眼前的景象，竟讓他懷疑自己進入了仙境。

　　曾鞏到濟南時，大明湖還不叫大明湖，而是兩個交錯相連的湖泊，東邊的湖稱為東湖，西邊的湖叫做西湖。後來，曾鞏在兩湖湖域之間修建了一道南北向的百花堤，西湖湖面闊大，東湖水域較小。此處得名大明湖，得謝謝曾鞏身後一百多年的文學大家、那位立誓「有心長作濟南人」的元好問。他在《濟南行記》中首次記錄了「大明湖」一名，並在《臨江仙·荷葉荷花何處好》中寫下了「大明湖上新秋」的千古名句。

　　曾鞏眼中的濟南西湖，竟是那樣迷人：

湖面平隨葦岸長，碧天垂影入清光。
一川風露荷花曉，六月蓬瀛燕坐涼。

滄海桴浮成曠蕩，明河槎上更微茫。

何須辛苦求人外，自有仙鄉在水鄉。

（〈西湖二首・其二〉）

清澈如鏡的水面，映照著藍藍的天空；嬌豔盛開的荷花，微微拂來的湖風，彷彿使人來到了蓬萊瀛洲的仙境……該詩描繪了大明湖芙蕖盛開時的仙鄉景色，突出了大明湖的靜謐雅緻。

大明湖

初到濟南，面對漾漾清波，曾鞏心底湧起一股情愫，接連寫了兩首關於大明湖的詩篇。在〈西湖二首・其一〉開頭中，曾鞏就喜不自禁地寫出了自己痴狂的心情：「左符千里

走東方，喜有西湖六月涼」，「行到平橋初見日，滿川風露紫荷香」。

左符，是古代太守出任州郡所執符契的左半。古代州官上任時，由朝廷發放任命的符契，符契分左右兩半。左符由赴任者所執，右符由朝廷派人送至州郡。太守執左符抵達州郡後，與州郡的右符相吻合，方可就任。所以，後來人們便把左符作為太守的代稱。

曾鞏到任時，正是農曆六月的盛夏季節。他千里迢迢來到濟南這個「東方名郡」，竟忘記了路途的勞累，心情一下子豁然開朗：涼爽的晨風吹來，一輪紅日冉冉升起，淡淡的荷香撲鼻而來，曾鞏沉醉在仙境中。

由於署衙離大明湖不遠，在濟南的兩年中，大明湖成了曾鞏流連之地。他寫過它的夏、它的秋、它的冬、它的春，他詠過它的亭、它的橋、它的臺、它的荷……王士禎在《帶經堂詩話》中說：「曾子固曾通判吾州，愛其山水，賦詠最多……而於西湖尤惓惓焉。」惓惓者，念念不忘、流連難捨也。對曾鞏來說，斯言誠哉。

到濟南當父母官，自然不能僅為美景所迷。曾鞏有自己的抱負，有朝廷的使命，有肩頭的擔當。晚間，大明湖畔歸來之後，他躺在床榻上次想起自己五十三年的人生歷程。

曾鞏生於宋真宗天禧三年（西元一○一九年），當時他

三十一歲的父親曾易占正在臨川任縣尉。曾鞏幼年就機智聰慧，五、六歲即開始讀書，這在他的一些傳記中都有提及，如他弟弟曾肇在〈子固先生行狀〉中說：「公生而警敏，不類童子，讀書數百千言，一覽輒誦。」〈曾鞏神道碑〉也說他：「自幼讀書為文，卓然有大過人者。」有一次，他和同學跟著老師去南昌遊學，時值陽春三月，沿江兩岸草長鶯飛，春風徐徐，景色誘人。老師手指船櫓出一上聯：「兩櫓並搖，好似雙刀分綠水」，要求學生們對下聯。同學們依次對聯，老師均不滿意。輪到曾鞏，大家的目光都集中在他身上，只見曾鞏站起來躬身向老師施了一禮，高聲對道：「孤桅獨立，猶如一筆掃青天！」老師聽罷，不禁連聲叫好：「此聯氣魄雄偉，思路開闊，對仗工整，實為難得之妙聯！」

　　然而，飽讀詩書的曾鞏直到嘉祐二年（西元一〇五七年）二十九歲時才中得進士。那年，曾鞏與弟弟曾牟、曾布，從弟曾阜、妹夫王無咎、妹夫王彥深一同參加考試，結果全部考中。「同年一門六進士」，在中國科舉史上是十分罕見的，這在他的家鄉南豐一時傳為佳話。考中進士後，曾鞏出任太平州（今安徽當塗）司法參軍，其職責是議法斷案。李白墓離太平州很近，曾鞏多次到李白墓前憑弔，並寫下了〈謁李白墓〉，詩云：「世間遺草三千首，林下荒墳二百年。信矣輝光爭日月，依然精爽動山川。曾無近屬持門

戶，空有鄉人拂幾筵。顧我自慚才力薄，欲將何物弔前賢。」
曾鞏對李白這位詩壇先賢敬重有加，十分欽佩。後來，他在
京師館閣整理古籍時，所藏《李白詩集》僅有七百七十首，
經他蒐集整理共得李白詩一千首。

同年一門六進士

李白

熙寧三年（西元一〇七〇年），曾鞏被外任越州（今浙江紹興）通判。臨行前，好友蘇東坡等為曾鞏設宴送行，並寫下〈送曾子固倅越得燕字〉一詩。詩云：「醉翁門下士，雜沓難為賢。曾子獨超軼，孤芳陋群妍。昔從南方來，與翁兩聯翩。翁今自憔悴，子去亦宜然。」倅越，是指曾鞏到越州當一個副職。蘇東坡和曾鞏都是歐陽脩的學生，在詩中蘇東坡表現出對曾鞏懷才不遇的惋惜，並對曾鞏大加褒獎，認為曾鞏才是歐陽脩門下最為優秀的弟子。

越州兩年的「第二把手」歲月，倏忽而過。

曾鞏回想當年，夜不能寐。

曹操在寫「老驥伏櫪……壯心不已」的時候，時年五十三歲。

曾鞏來濟南當「第一把交椅」，也是五十三歲（註：本書涉及古人年齡，皆沿用中國傳統計齡方式虛歲）。

五十多歲，在古代已是「老驥」。

曾鞏這匹「老驥」，注定像曹操一樣「壯心不已」！

第二章
除暴安民 雪消山水見精神

　　大宋朝歷十八帝三百二十年，算得上中國歷史上經濟文化昌盛的時代。著名史學家陳寅恪言：「華夏民族之文化，歷數千載之演進，造極於趙宋之世。」

　　當然，宋代的濟南也十分繁榮。

　　歐陽脩在《歸田錄》中說「齊州賦稅最多」，賦稅多說明當地經濟發達。但由於疏於治理，曾鞏初到濟南時，轄區內的社會治安狀況並不太好：「齊故為文學之國，然亦以朋比誇詐見於習俗。今其地富饒，而介於河岱之間，故又多獄訟，而豪猾群黨亦往往喜相攻剽賊殺，於時號難治。」（曾鞏〈齊州雜詩序〉）

　　曾鞏這段話的意思是，齊州本是文化昌盛之地，然而也有結成團夥進行欺詐的現象，並相沿成俗。濟南土地富饒，夾在黃河、泰山之間，所以又多訴訟官司，而豪強結黨之人也往往喜歡互相攻擊、劫奪、殘殺，所以當時屬於難以治理的地方。

　　為了改善轄區的治安環境，曾鞏採取多管齊下的辦法。

　　齊州濟陽縣曲堤（今濟南市濟陽區曲堤街道）有一個姓周的大戶人家，以資產雄厚稱霸一方。這家的兒子周高自恃財勢橫行鄉里，欺壓百姓，姦汙婦女，無惡不作，致使當地百姓深惡痛絕。但周家勢力大，且「力能動權貴」，與一些地方官員沆瀣一氣，歷任州縣官員都拿他們沒辦法。

新官上任三把火。

曾鞏到任後，「無忘夙夜，勉盡疲駑」（曾鞏《元豐類稿·卷二十七·齊州謝到任表》）。剛到任的曾鞏哪能容忍周高一夥為害鄉里：「為人害者不去，則吾人不寧。」（《元豐類稿·行狀》）曾鞏出手不凡，蒐集證據後直接拿齊州首霸開刀，依法懲處了作惡多端的周高。

此舉在當時轟動極大，此後「豪宗大姓斂手莫敢動」。由此，曾鞏也在齊州百姓中贏得了盛譽。

當時，在齊州歷城和章丘交界一帶，一些土豪結成團夥，號稱「霸王社」。他們殺人越貨，橫行鄉里，當地百姓對他們敢怒不敢言。得知線索後，曾鞏派兵一舉搗毀這一犯罪團夥，將三十一名首犯判刑，發配邊疆，「餘黨皆潰」。

要長治久安，還得有一套長效機制。

為鞏固治安成果，曾鞏將當地百姓編為保伍，以五戶為一保，監督外來人員出入，並採取明賞、夜巡等措施，規定「察居人行旅出入，經宿皆籍記，有盜則鳴鼓相援」；又明確懸賞，一旦發現盜賊則及時抓捕，並示眾。「有葛友者，屢劫民家，名在捕中，不獲。一日自出，告其黨。」這個叫葛友的盜賊主動向官府自首，並揭發了同黨的罪行，曾鞏遂免其罪，並獎勵他「袍帶酒食」，並叫他騎上馬，用車載上他的獎品遊村串街。很多盜賊聽說這件事後，只好紛紛投案自首。

　　透過半年的整治，齊州這個地方終於安定了下來。出現了「奸寇屏跡，民外戶不閉，道不拾遺，獄以屢空」（《元豐類稿‧附錄‧墓誌》）、「市無攫金，室無冗壞，貨委於途，犬不夜吠」（《元豐類稿‧神道碑》）的良好社會局面。

　　秋去冬來，新年就要到了。

　　古時，每年新年到來之前，皇帝都要給文武群臣頒發新年曆日。曆日，相當於今日之日曆，古時也叫通書、曆書或時憲書，由於它是皇帝頒發的，所以人們又稱它為皇曆。熙寧四年（西元一○七一年）臘月的一天，曾鞏收到了皇帝賜給的熙寧五年曆日。按照唐宋規制，收到皇曆的臣子要上表致謝。曾鞏在〈謝熙寧五年曆日表〉中說：「臣敢不深究土風，詳求氣序，躬勸耕桑之業，輔成坯冶之仁。」氣序，指的是季節和節氣，這裡說的是農時。坯冶，指製陶和冶煉，常用來比喻培育人才。一年之後，曾鞏又在濟南收到了皇帝賜給的熙寧六年曆日，並寫下了〈謝熙寧六年曆日表〉，這兩篇表均收錄在《元豐類稿》第二十八卷中。這裡需要多解釋一句，所謂的「表」，在古代是一種文體，古代奏議的一種，是臣子寫給皇帝的奏章，常用於向君王陳說自己的請求和願望，也用來在收到皇帝恩賜時表達感恩。

　　據宋代龐元英《文昌雜錄》記載，宋代各級官署在每年臘月二十日，要舉行封印儀式，停止公務，以迎接新年，現在

俗稱「過年放假」。封印時,官方要將盛放官印的印盒(亦稱「印匣」)用封條封好,待新年過後再行「開印」儀式。

臘月二十封印那天晚上,藉著淡淡的月光,拂簾看著門外柳枝上的白茫茫的霧淞,回想來濟半年來自己施政取得的成果,曾鞏揮筆寫下〈冬夜即事〉七律一首:

> 印匣封罷閣鈴閒,喜有秋毫免素餐。
> 市粟易求倉廩實,邑尨無警里閭安。
> 香清一榻氍毹暖,月淡千門霧淞寒。
> 聞說豐年從此始,更回籠燭捲簾看。

由於曾鞏施政有方,齊州轄區內「市粟易求倉廩實,邑尨(ㄇㄤˊ,長毛狗)無警裡閭安」,齊州由一個治安事件多發之州變成了平安之州,風氣為之一新,這對於一個有抱負的政治家、文學家來說,是一個很人的精神慰藉。

政績是一方面,低調謙和是曾鞏的另一面。時人稱曾鞏為人「剛毅直方,外謹嚴而內和裕」。他在來濟南後幾個月的懲治豪強、安撫良民的過程中,曾寫下一首〈秋懷〉,表達了自己不慕虛名、一心執政為民的心跡:

> 為州詎非忝,即事亮何成。
> 幸茲桑麻熟,復而倉箱盈。
> 閭裡凶黨戢,階除囂訟清。

　　日攜二三子，飽食中園行。

　　念非形勢迫，免有彈弋驚。

　　幽閒固可樂，勿慕高遠名。

　　詩中的曾鞏說，我任齊州知州自感慚愧，沒有做出閃光的政績，所幸今年莊稼豐收、糧倉充實，區域內的凶徒匿跡，公堂訴訟清閒。有充裕的時間，和自己的孩子們在園中散步。雖然形勢一片大好，但不可掉以輕心。悠閒是件很好的事情，卻不能因為自己治理有方而妄求虛名。詩中「日攜二三子」，是寫實。曾鞏有子女多人，按其弟弟曾肇在〈子固先生行狀〉中的記載，他有「子男三人」，「二女早卒」。說明當時曾鞏知齊時，是帶著三個未成年兒子來濟南的。根據《南豐曾氏二源族譜》可知，曾鞏的大女兒曾慶老出生於嘉祐四年（西元一〇五九年），三歲時夭折；二女兒曾興老生於治平二年（西元一〇六五年），兩歲時早殤。兩個女兒的早夭，讓曾鞏傷心不已，同時也使得曾鞏對三個兒子倍加呵護和疼愛。他的三個兒子是曾綰、曾綜、曾綱。曾綰生於嘉祐元年（西元一〇五六年），曾綜生於嘉祐三年（西元一〇五八年），曾綱生於治平四年（西元一〇六七年）。曾鞏在濟南任職時，曾綰才十六歲，曾綜十四歲，曾綱僅有五歲。曾鞏將他們帶在身邊，一方面是為了照顧他們的生活，另一方面則是為了使他們從小便受到良好的教育。三個兒子

　　成年後，都成了官吏，曾綰當了太平州司理參軍，曾綜成了知越州轉運判官，曾綱官至六品奉議郎。後面，我們還將在「寄情山水（中）」章節談到曾綰、曾綜詩寫大明湖一事。

　　還是回來繼續曾鞏在濟南的故事吧。

　　此時的曾鞏很清醒，沒有被掃除惡暴的勝利沖昏頭腦。

　　他明白，這只是萬里征途上走出的第一步。

　　接下來，他要為齊州百姓辦幾件實事，真正讓當地人民享受到幸福感和獲得感。

　　他到任之時，正趕上黃河泛濫。河北（指河北、山東一帶）地方的官府曾發動民工疏濬黃河，需要從濟南等地調動民工參加這項工程。此時，黃河已改道，在河南向北直奔聊城西至今河北青縣境與衛河相合，然後入海。「河北發民濬河，調及他路，齊（州）當給夫二萬。縣初按籍三丁出一大，（曾）鞏括其隱漏，至於九而取一，省費數倍。」（《宋史·曾鞏傳》）也就是說，沿黃州縣應當根據戶口上的人數抽調民工，每三個勞動力須出一人。曾鞏想到，這樣做一定會給當地的農業生產和百姓生活造成一定的困難。怎麼辦呢？他思來想去，決定根據實查的戶數和人數放寬要求，每九個勞動力出夫一人。這樣一來，既查實了域內實際人口數，減少了勞力支出，沒有影響到生產，又省去了許多費用，明顯有利於人民的生息，齊州的老百姓對此讚譽有加。

黃河

愛民如子，是曾鞏對下屬常說的一句話；知行合一，他自己也以這句話作為座右銘來要求自己並堅決執行。

幾十年的讀書學習，使他深諳治亂之理和為政之道。在濟南任上的磨礪又使他累積了豐富的從政經驗，造就了他非凡的政治才能。離開濟南後，他先後知襄州、洪州、福州、明州、亳州、滄州等州，其除暴安民、兢兢業業的執政理念一直未有改變。

除治亂安民之外，曾鞏還大力提倡儒學：「晒氏宿奸投海外，伏生新學始山東 —— 時大奸周高投海島，而學校講說《尚書》 —— 曾鞏自注。」（〈郡齋即事二首·其一〉）關於伏生，《史記·儒林列傳》記載，伏生，濟南人，曾任秦博士。秦始皇焚書坑儒後，伏生將《尚書》藏於牆夾縫中，這本儒家經典才得以流傳。《鄒平縣誌·伏生博士傳略》：

「漢無伏生,則《尚書》不傳,傳而無伏生,亦不明其義。」
「學者由是頗能言《尚書》,諸山東大師無不涉《尚書》以教矣。」(《史記·儒林列傳》)可見伏生是很有貢獻的。

　　曾鞏在濟南任知州期間,嚴懲黑惡勢力,極力弘揚儒學,使得整個齊州地區恢復了政通人和的大好局面,恰如曾鞏詩曰「依然自昔興王地,長在南陽佳氣中」(〈郡齋即事二首·其一〉)。

　　曾鞏一向尊崇孔孟,倡揚儒學,他對於儒家的「仁」、「禮」都有自己獨到的見解,他曾說:「夫學者,其心篤於仁,其視聽言動由於禮,則無常產而有常心,乃所履之一事耳。」(〈與王深父書〉)曾鞏不僅倡導在學界崇尚儒家之「仁」、「禮」,而且在日常生活中人們也應當以「禮」來指導自己的言行舉止,學與言行應相一致。

　　曾鞏曾自稱「家世為儒」,他繼承發揚了這一優良家風。據時人林希〈宋中書舍人曾公墓誌銘〉裡介紹,曾鞏「性嗜書,家藏至二萬卷,集古今篆刻為《金石錄》又五百卷,出處必與之俱」。

　　「學校講說《尚書》」,按後人的說法,「學校之設,以崇聖而育才也。」(明劉敕《歷乘·學校考》)這象徵著濟南地區長期以來尊孔崇教風尚的浴火重生。曾鞏離任齊州後的第四年,也就是熙寧十年(西元一〇七七年),時任齊州

知州的李常（字公擇）在州衙西側不遠處修建了地方官學機構——文廟。宋政和六年（西元一一一六年），齊州升州為府，始稱濟南府。文廟稱為濟南府學，亦稱府學文廟至今。兩百多年後的明洪武年間，濟南貢士院（簡稱貢院）在原州衙（即後來的布政使署）不遠處修建，成為山東科舉考試的最高機構。自明初至清末廢止科舉制度止，共舉行鄉試兩百多次，累計錄取近兩萬人，其中考中進士的有四千零七十四人，包括狀元九人，榜眼五人，探花六人。當然，這是後話，按下不表。

文廟

轉眼春節已過。正月初六那天，雪霽天晴，整個濟南城一片銀裝素裹。曾鞏按捺不住喜悅心情，在新年即將開印之際，寫下了〈正月六日雪霽〉一詩：

雪消山水見精神，滿眼東風送早春。
明日杏園應爛熳，便須期約看花人。

春來了，花蕾初露，曾鞏頓感暖暖的春風撲面而來。用不了多長時間，滿園的杏花就要爛漫綻放，他要約朋友們來賞花了。

第二天，他又一次專門來到大明湖畔觀賞濟南特有的雪後霧淞景觀。

在濟南，當水氣在夜間遭遇寒冷，觸及草木枝頭時，會迅速凝結成細小的乳白色冰粒，比霜細密而又較為堅硬，這就是霧淞，俗稱樹掛。大面積的霧淞現象，就成了大明湖畔一種特有景觀。道光《濟南府志》云：「冬月寒甚，夜氣塞空如霧，著於林木，凝結如珠玉。旦起視之，真薄雪也。見睍（ㄒㄧㄢˋ，日光）乃消釋，因風飄落，齊魯人謂之霧淞。」（卷七十一〈雜記〉）

湖畔霧凇

　　清晨，一湖碧水波平如鏡，湖面上氤氳蒸騰，湖畔島嶼上的所有草木枝頭都掛滿了霧凇，一片銀裝素裹，蔚為奇觀。日出之後，霧凇慢慢融化。若趕上陰冷天，霧凇現象就會持續較長時間。因它在鬥寒中盛開，美麗皎潔，晶瑩閃爍，韻味濃郁，像是怒放的花兒，所以又被稱為「冰花」。霧凇是大自然賦予人類的精美藝術品，把大明湖點綴得繁花似錦，景觀壯麗，成為大明湖冬日及春初的風光之最。

　　這天，天氣響晴，靜而無風。曾鞏沿著湖岸邊賞邊詠：

　　園林日出靜無風，霧凇花開處處同。
　　記得集英深殿裡，舞人齊插玉瓏璁。

（〈霧凇〉）

　　這不是曾鞏第一次吟詠濟南特有的霧凇景觀。

　　他的〈冬夜即事〉一詩中有「香消一榻氍毹（ㄑㄩˊㄕㄨ，毛織的毯子）暖，月澹（ㄉㄢˋ，安謐）千門霧凇寒。」其自注雲「齊寒甚，夜氣如霧凝於木上，旦起視之如雪，日出飄滿階庭，尤為可愛。齊人謂之霧凇。諺曰：『霧凇重霧凇，窮漢置飯甕。』以為豐年之祥也」。

　　在自注中，曾鞏特意徵引了「霧凇重霧凇，窮漢置飯甕」的濟南當地民諺，說明出現這種現象，是一種「豐年之兆」。

　　新的一年，一定又是一個政通人和的豐裕之年！他期盼。

第三章
痛悼恩師 雲山蒼蒼河泱泱

歐陽脩

曾鞏修濬舜泉，受到途經濟南的老師歐陽脩的高度讚揚，曾鞏自是十分感激。

沒料到，天有不測風雲。歐陽脩離開濟南不到一年，熙寧五年閏七月二十三（西元一〇七二年九月八日。註：從盧家明《歐陽修傳》說），從潁州傳來噩耗，歐陽脩走完了人生旅程的最後一步，終年六十六歲。

曾鞏的成才與發展離不開歐陽脩。古人言：千里馬常有，伯樂不常有。歐陽脩是曾鞏的伯樂。接到恩師去世的消息，正在齊州任上的曾鞏控制不住自己的感情，在眾多同僚面前，竟然失聲痛哭。

歐陽脩生於宋真宗景德四年（西元一〇〇七年），長曾鞏十二歲，兩人同一個屬相「羊」。慶曆曆元年（西元一〇四一），二十三歲的曾鞏借進京考試之機，給歐陽脩寫了一封信，當時歐陽脩已是學界前輩、文學大家。這封信引起了歐陽脩的興趣，他認為此後生非等閒之輩。他在〈送楊辟秀才〉中說：「吾奇曾生者，始得之太學。初謂獨軒然，百鳥而一鶚。」此後，曾鞏得到了歐陽脩的賞識，投學於歐

陽脩門下。經歐陽脩指點，曾鞏文風大有改變，正如歐陽脩
在〈送吳生南歸〉一詩中所說：

> 我始見曾子，文章初亦然。
> 崑崙傾黃河，渺漫盈百川。
> 決疏以道之，漸斂收橫瀾。
> 東溟知所歸，識路到不難。

這首詩說的是，曾鞏未遇到歐陽脩之前，文風奔放雄
渾，而投學於歐陽脩之後，文風變得蘊藉平正。

曾鞏記得，一代大儒歐陽脩熱心收他為徒時，他的喜悅
之情溢於言表：「某之獲幸於左右，非有一日之素，賓客之
談，率然自進於門下，而執事不以眾人待之。坐而與之言，
未嘗不以前古聖人之至德要道，可行於當今之世者，使鞏薰
蒸漸漬，忽不自知其益，而及於中庸之門戶，受賜甚大，
且感且喜。」他為什麼如此樂不可支，不僅僅是歐陽老師待
他非同一般，更重要的是，老師傳授給他先賢們的「至德要
道」，「受賜甚大」。

曾鞏記得歐陽脩老師對他的每一句諄諄教誨，記得歐陽
脩對他文章給予「筆力雄贍」、「引經據古，明白詳盡」、
「可以釋然」的評價和肯定；他更記得，到濟南任職後，歐
陽脩對他當面進行的「齊州太守政之暇，鑿渠開沼疏清漣」
的高度讚揚。

　　曾鞏記得，慶曆七年（西元一○四七年），他專程從江寧（今江蘇南京）去滁州（今安徽滁州）看望歐陽脩。歐陽脩帶他遊覽醉心亭，並囑他作記，恩師的鼓勵讓布衣曾鞏倍感欣慰：「進士曾鞏者，好古，為文知道理，不類鄉閭少年舉子所為。近年文稍與，後進中如此人者不過一二。」

　　他記得，嘉祐二年（西元一○五七年）在禮部的考試中，歐陽脩大膽改革考試內容，才使曾鞏與弟弟曾牟、曾布，從弟曾阜、妹夫王無咎、妹夫王彥深，一門六人脫穎而出，同中進士。同科同榜的還有日後同列「唐宋八大家」的蘇軾、蘇轍兩兄弟。一榜「三大家」，可謂科舉史上一大佳話。

　　曾鞏又怎能不記得，在他考取功名後第三年，恩師又一次向朝廷舉薦當時已擔任太平州司法參軍的他調到京師，他才有機會閱讀並校勘大量古代典籍。歐陽脩在〈舉章望之、曾鞏、王回等充館職狀〉中稱讚曾鞏：「太平州司法參軍曾鞏，自為進士，已有時名，其所為文章，流布遠邇，志節高爽，自守不回。」曾鞏寫完〈為人後議〉後寄給歐陽脩閱示，歐陽脩看完後給他回信說：「辱示〈為人後議〉，筆力雄贍，固不待稱讚，而引經據古，明白詳盡，雖使聾盲者得之，可以釋然矣。」老師對學生的文章給予了充分的肯定。

　　曾鞏記得，當年歐陽脩完成了《五代史》（後人為區別

於官修《五代史》，又將歐陽脩版本稱為《新五代史》）的編撰後，邀請同為門生的曾鞏和蘇軾作序，兩人相讓不決，結果陳伯修寫了序，但卻文辭平平。老師寫的書，讓學生來作序，一來反映出歐陽脩闊達的襟懷，二也可以看出曾鞏的文學水平之高。這段軼事記錄在宋代陳長方所著《步裡客談》中，原文是：「陳師錫（伯修）作《五代史序》，文詞平平。初，蘇子瞻（蘇軾）以讓曾子固，曰：『歐陽門生中，子固先進也。』子固答曰：『子瞻不作，吾何人哉！』二公相推未決，陳奮筆為之。」

歐陽脩著作《新五代史》

　　但是，就是這樣的一代文學宗師歐陽脩，卻屢遭朝廷貶徙，出知外任。宋神宗時期，又有蔣之奇等人誣陷詆毀他與

外甥女張氏、大兒媳吳氏關係曖昧，並曲解歐陽脩詞來上奏彈劾歐陽脩。這雖然是無稽之談，但對無端頂上「亂倫」帽子的歐陽脩打擊卻很大。在男女之大防甚嚴的宋代，亂倫這種汙蔑是極其惡毒的。歐陽脩自此心灰意冷，連上三表向朝廷請辭。歐陽脩急流勇退的思想，在他的雅號「六一居士」中得到了完美體現。他在去世前兩年新取雅號「六一居士」。人們不解其意，歐陽脩在熙寧三年（西元一〇七〇年）九月七日，也就是曾鞏在越州擔任通判期間，用自問自答的形式做了說明：「客有問曰：『六一，何謂也？』居士曰：『吾家藏書一萬卷，集錄三代以來金石遺文一千卷，有琴一張，有棋一局，而常置酒一壺。』客曰：『是為五一爾，奈何？』居士曰：『以吾一翁，老於此五物之間，是豈不為六一乎？』」（歐陽脩《六一居士傳》）

六一居士

書一萬卷，文一千章，琴一張，棋一局，酒一壺，翁一人，表達了歐陽脩晚年讀書、賞銘、奏琴、弈棋、飲酒的生活情趣，也反映出作者不再留戀功名的心態。正如門生曾鞏對老師晚年生活的描述：「年始六十……沉浸圖史，左右琴瑟。氣志浩然，不陋蓬蓽。」

可如今，恩師已去。

曾鞏極為悲傷，他提起筆來，飽蘸淚水，在濟南的寓所裡連夜寫出了〈祭歐陽少師文〉，高度評價歐陽脩在文學和政治上的輝煌成就。

在文章中，曾鞏盛讚自己老師寫文章是當代第一人，稱他為「當代一人，顧無儔匹」。他說老師的文章是：「文章逸發，醇深炳蔚。體備韓馬，思兼莊屈。垂光簡編，焯若星日。絕去刀尺，渾然天質。辭窮卷盡，含意未卒。讀者心醒，開蒙愈疾。」曾鞏對歐陽脩文章的評價是相當高的，也是非常中肯公允的。

曾鞏在文中高度讚頌歐陽脩的政治建樹：「公在廟堂，尊明道術。清靜簡易，仁民愛物。斂不煩苛，令無迫猝。棲置木索，裡安戶逸。櫝斂兵革，天清地謐。日進昌言，從容密勿。開建國本，情忠力悉。」歐陽脩的政治清明給曾鞏的影響是巨大的，曾鞏給老師的評語並無謬獎之處。

歐陽脩為官不僅政治清明，而且為人廉潔，從不拉幫結

048 | 第三章　痛悼恩師 雲山蒼蒼河泱泱

派，還能發現人才，獎掖後進。曾鞏對此更是推崇備至：
「公在廟堂，總持紀律。一用公直，兩忘猜昵。不挾朋比，
不虞訕嫉。獨立不回，其剛仡仡（一ˋ一ˋ，強壯勇敢）。
愛養人才，獎成誘掖。甄拔寒素，振興滯屈。以為己任，無
有廢咈（違逆）。維公平生，愷悌（和樂平易）忠實。內外
洞徹，初終若一。」如果不是歐陽脩慧眼識才薦才，曾鞏等
人很可能將是一個「泯然眾人」的結局。

　　歐陽脩去世的消息傳來，曾鞏頓覺五雷轟頂，悲慟萬
分：「聞訃失聲，眥（ㄗˋ，眼眶）淚橫溢。」他萬分感念
老師對自己的栽培和教導，對恩師的高度評價也是發自肺
腑的。我們相信，如果歐陽脩在天有靈，他一定會感到非常
欣慰。

　　雲山蒼蒼，江水泱泱。
　　先生之風，山高水長！

第四章
辨其山川 最憐沙際湧如輪

濟南因泉而生，因泉而名，因泉而興。

早在西周時期，那時濟南還沒叫齊州，而是叫譚國。譚國一位大夫寫了一首詩，記載了當時濟南泉水噴湧的景況：「有洌氿泉，無浸獲薪。」（《詩經・大東》）這句話翻譯成今天的話就是：清涼的噴泉（側噴之泉為氿）水啊，可不要浸溼那剛砍來的乾木柴啊！

泉水淙淙，流淌在每一塊青石板上，浸潤著整座城。

魯桓公十八年（西元前六九四年）正月的一天，「公會齊侯於濼」（《春秋左氏傳・桓公十八年》）。魯桓公與齊襄公會盟於「濼」，這個濼，既可以指濼水，也可以指濼水的源頭，也就是趵突泉。

趵突泉

對「濼」更詳細的記載，出自北魏時期地理學家酈道元的《水經注》。酈道元年輕時曾隨父親到過濟南。他在書中對濟南的趵突泉、珍珠泉、五龍潭、舜井、千佛山、華山、歷下亭等都分別做了描述，其中「濼水出歷城縣故城西南，泉源上奮，水湧若輪，觱（ㄅㄧˋ，古代一種管樂器）湧三窟，突出雪濤數尺，聲如隱雷」描述的就是趵突泉。

那麼，這常年噴湧不息的泉水是哪裡來的呢？上任伊始，曾鞏就想弄明白。

當時流行的說法是，濟南位於濟水之南，泉水「為伏流於地下的濟水所發而成」。曾鞏決定親自考察，驗證泉源到底在哪裡。

他借鑑古人的做法，數次到南部山區考察，反覆試驗，「以盡太守之事」，最後終於摸清了泉水的來路：「泰山之北，與齊之束南諸谷之水，西北匯於黑水之灣（即錦陽川水），又西北匯於柏崖（今柏崖山處）之灣，而至於渴馬之崖（在今中國濟南市中區黨家莊街道辦事處西渴馬村一帶）。蓋水之來也眾，其北折而西也，悍疾尤甚，及至於崖下，則泊然而止。而自崖以北，至於歷城之西，蓋五十里，而有泉湧出，高或至數尺，其旁之人名之曰趵突之泉。」（〈齊州二堂記〉）

趵突泉的泉水來自南部山區，那麼濟南其他的名泉呢？

曾鞏親自做了實驗：「齊多甘泉，冠於天下，其顯名者以十數，而色味皆同。以予驗之，蓋皆濼水之旁出者也。」

濟南南部山區是濟南泉水之源，九百多年後，當今的地質工作者採用現代技術手段調研證實，確如曾鞏所言。

文中的「趵突之泉」，便是今日之趵突泉。但是，在曾鞏之前，它有好多名字，諸如「濼」、「檻泉」、「娥英水」，再如「爆流泉」、「溫泉」，當地老百姓還長期形象地稱其為「三股水」、「趵子泉」。諸多名稱中，沿用時間最長、最為膾炙人口的大名還是「趵突泉」。趵突泉雖然是當地人（「其旁之人」）取的，但首次用「趵突」二字記錄者卻是曾鞏。「趵突」二字不但繪聲繪色地描摹了泉水噴湧的聲音，而且形象地反映了泉眼波濤翻滾的宏大氣勢。此後有些文人墨客用的「檻泉」、「瀑流泉」之類，遠沒有「趵突」二字那麼充滿神韻。所以，趵突泉的名字一叫就是九百多年。

曾鞏，你真是濟南泉水的曠世知音！

曾鞏在趵突泉畔品嚐了用新汲的泉水煮泡的春茶，詩興大發。他飽蘸濃墨，寫道：

一派遙從玉水分，暗來都灑歷山塵。
滋榮冬茹溫常早，潤澤春茶味更真。
已覺路傍行似鑒，最憐沙際湧如輪。

曾成齊魯封疆會，況托娥英詫世人。

（〈趵突泉〉）

這首詩的大意是說，趵突泉是南部山區玉水河經地下奔湧而出，噴灑在歷山大地上，滋潤冬草早榮，用泉水沖泡春茶的味道更加香濃；路邊的清流猶如明鏡一般，沙邊的泉水湧若車輪；這裡成就了齊魯會盟，還有娥皇和女英的傳說，令人驚嘆！短短八句詩，既形象地述說和描繪了趵突泉水的由來和流向，又道出了泉水水質、水勢的特點，還敘述了泉畔古時盛會的史實和娥皇女英的傳說，充分顯示了曾鞏描景狀物的詩人功夫。

據宋代張邦基《墨莊漫錄》記載，李清照的父親李格非曾寫過一篇〈歷下水記〉，文中敘述了三十餘處濟南泉水，其中就有「爆流泉」，而曾鞏是在詩題中第一次直接將「爆流泉」寫為「趵突泉」的。金代元好問也說，趵突泉三字乃「曾南豐雲然」（元好問〈濟南行記〉）。

趵突，可謂音義兼顧的雅號。詞義可釋為「噴湧、奔突、跳躍」，形容該泉湧騰之狀貌；字音用來模擬「卜嘟、卜嘟」的泉聲。自此，趵突泉這一名稱一直用了九百多年而至今，相信這個名字會永永遠遠地叫下去。

在對濟南泉水源流進行驗證之後，曾鞏又依據古代典籍，特意對歷山的歷史淵源和地理位置進行了一番縝密的考

證。經過辨析，他認為，《史記・五帝本紀》中「舜耕歷山」
的歷山，就是「齊之南山為歷山，舜所耕處，故其城名歷
城，為信然也」。而歷史上的歷山在河東（今山西西南角，
黃河轉彎處）、在雷澤（今鄄城以南、定陶以北）諸說，均
為「世之好事者」、「不考其實矣」（〈齊州二堂記〉）。

舜耕歷山雕塑

　　對趵突泉、歷山的考究如此上心，並非只是這位文學大
家的一時興起，作為齊州知州，他認為這是為當地百姓服
務、追溯歷史文化源頭、完善城市建設的第一要務。因為，
之前在趵突泉這一勝景之地，竟然沒有外地使客棲居的館
舍。使客到了之後，常常是住在臨時徵集百姓調運木材建築
的館舍，使客離開後再將其拆除，既浪費財物、折騰百姓，
也不雅觀。於是，曾鞏一到任就拆除了前任官府棄留下的破

舊房屋，準備在趵突泉畔建造兩所堂屋以供接待外地使客。

　　經過考證，曾鞏認為：大舜遺蹟能完整地表達出濟南的歷史人文底蘊，瀠源泉水能突出地反映出濟南獨特的生態風貌。所以，當熙寧六年（西元一〇七三年）二月，經過一年半的建造，兩座高大宏偉、氣勢磅礡的大堂落成後，曾鞏親自將二堂命名為「歷山堂」和「瀠源堂」，並寫下了那篇傳之千古的散文名篇〈齊州二堂記〉。有興趣的讀者可翻至本書附錄，閱讀一下〈齊州二堂記〉原文及譯文。正是這篇文章，被後來的清代桐城派高手姚鼐讚嘆曰「作考證文字，可以為法」。

　　姚鼐很懂曾鞏。

　　我們也懂。

　　不凡的是，曾鞏更懂濟南 —— 因為他用兩座殿堂的名字 ——「歷山」、「瀠源」，四個字就把濟南歷史、文化、生態最完整地描述了。

第五章
修北水門 城樓高倚半天風

　　濟南地勢南高北低，城內外泉水眾多，難免水患多發。

　　每到夏秋季節，遇上滂沱大雨，城內排澇不及，家家進水，戶戶積水，百姓苦不堪言。如遇洪澇持久不退，北城的外積水又會通過原有的北城門倒灌入城，所以，人們不得不「常取荊葦為蔽，納土於門，以防外水之入」，故而，「既弗堅完，又勞且費」。

　　曾鞏決心消除多年的水患，讓老百姓過上無虞的日子。分析水患之因後，曾鞏制訂了詳盡的改造規劃。

　　熙寧五年（西元一○七二年）二月，一場轟轟烈烈的北水門改造工程的硬仗打響了。

　　曾鞏「以庫錢買石，僦（ㄐㄧㄡˋ，僱傭）民為工」，利用原有城門，在兩側壘砌石崖，中間放置石質水閘，安上了兩扇木門，「視水之高下而閉縱之」，根據水位高低和水量大小決定水閘的開閉。如果城內積水，則開閘放水，水向北流進城北的沼澤地；若城外積水有倒灌入城之勢，則關閉閘門，御水於城外。工程進行了一個月零幾天，一座「累石為兩崖，其深八十尺，廣三十尺」的北水門就宣告竣工。

北水門

於是，濟南城「內外之水，禁障宣通，皆得其節，人無後虞，勞費以熄」，徹底解決了城北的水患問題。整個北水門改造的情況被曾鞏記錄了下來，在竣工之後寫成了〈齊州北水門記〉。清道光六年（西元一八二六年），山東布政使劉斯湄撰寫的〈曾鞏祠碑記〉中寫道：「至今民賴（北水門）以安，永除後患。」

元代初期，人們又在北水門之上修建了一座匯波樓（亦作會波樓）。元代著名政治家、文學家張養浩曾多次登此樓並寫下七律一首：

何處登臨思不窮？城樓高倚半天風。
鳥飛雲錦千層外，人在丹青萬幅中。

景物相誇春互野，古今皆夢水連空。

濃妝淡抹坡仙句，獨許西湖恐未公。

（《張養浩集‧登匯波樓》）

元延祐二年（西元一三一五年）下半年，張養浩曾以禮部侍郎的身分征舶（徵收船舶稅）於泉州，中途在杭州逗留多日，他曾對杭州西湖美景做了詳細刻畫：「一片樓臺四面山，玻璃搖碎錦斕斑。畫船載酒來天上，寶月和雲落世間。千古風煙留客醉，幾時魚鳥伴余閒。乃知西子真尤物，竟日令人不欲還。」西湖的繁華秀麗給張養浩留下了極為深刻的印象，使他產生了流連忘返的感覺。而他在濟南北水門上看到的秀麗景色，完全可以和西湖媲美，他甚至埋怨蘇東坡把「淡妝濃抹總相宜」（〈飲湖上初晴後雨〉）的美好詩句來誇讚西湖，是不公允的。他進而把匯波樓一帶比作蓬萊仙境：「久處紅塵眼倦開，飄然今喜到蓬萊。春風碧水雙鷗沒，落日青山萬馬來。柳外行舟喧鼓吹，途中過客指樓臺。一時人境俱相稱，卻恐新詩未易裁。」（《張養浩集‧同鄉友宴匯波樓》）

北水門上，雄偉的匯波樓在美麗的大明湖映襯下，形成了一道景觀：日落時分，夕陽的光芒穿過晏公臺券門折射在匯波橋下，只見湖水粼粼，浮光耀金，垂柳低垂，搖曳水中，萬枝婀娜，舒捲嬌柔，人彷彿置身於畫幅之中。是為「匯波晚照」，是濟南八景之一。

風景滿眼，這就是濟南！

開閉北水門，後來還成了濟南人旱年祈雨的習俗。偽齊皇帝劉豫開通小清河以後，濟南城北之水可透過小清河直流大海。即使濟南北部變成一片沼澤地，積水倒灌城內的現象也很少出現了。為保持大明湖「久旱不涸」，平時北水門一般呈關閉狀態。

北水門為何常閉不開呢？原來這是老濟南的一個俗信。民國倪錫英在一九三六年出版的《濟南》一書中介紹說：「在濟南人的習俗上，這重門照例是『門雖設而常關』的，因為風水的關係，如果開了北門，濟南全城便有異災。但是如果在大旱的年頭，百姓們祈雨，只要把南門關閉，把北門打開，雨水便會及時地落下來了。其實，這是一種迷信，因為這重門是一個水閘，在平時即很少有人進出，因此開著倒不如關閉的好。」

順便講一個民國初期北水門的段子：

一九一九年七月，北洋政府委任三十八歲的屈映光為山東省省長。這屈省長早年曾追隨辮子軍總領張勳，人送外號「屈辮子」。屈映光上任不久，就趕上了一九二〇年的山東大旱：「自開春以來，雨澤缺少，二麥槁枯，秋收無望。一班農民，皆叫苦連天，大有岌岌不可終日之勢。」眼見得山東地兒上久旱無雨，屈省長從五月下旬起，便一次次率領著

一批人馬來到芙蓉街中段的龍神廟,「焚香默禱,以求普降甘霖」。可老天爺哪管你官大官小,就是不肯降下半點兒雨珠。這時,有個屬下告訴他:本省即墨縣有一面「龍牌」,法力通天,有求必應。屈省長一聽,立即派出專員把這面「龍牌」恭請到濟南,並把它安放在龍神廟中,「供之上座,每日必沐浴叩齒,焚香膜拜」。屈省長雖有祈雨之心,可「龍牌」就是不顯靈,「香菸靉靆之中,竟杲杲出日」。

這下可把省長大人急得寢食難安,頭痛不已。接著又有消息靈通人士稟告,說河北邯鄲有「鐵牌」一塊,其法力如同孫悟空的金箍棒,用它往天上一指便可「風雲生,再指而雷雨作」。屈映光聞聽大喜,急忙又派專員不遠千里,請來「鐵牌」。當時許多「老濟南」都見過這面「鐵牌」,大約有四寸寬,但已鏽跡斑斑。「鐵牌」依然「供之龍神廟中,照例膜拜,照例祈禱。誠心求之,日復一日」,只是「有時上天亦油然作雲,有山雨欲來之勢。而倏忽之間,煙消日出。風伯雨師,即撥轉雲頭,徜徉而去」。

這時,濟南老百姓流布傳言,說濟南城北水門平時不開,只要打開北門,馬上就會下雨。屈省長馬上令人開啟了北水門。俄而又有傳言,說濟南南門一關,即可得甘霖,屈省長只好又下令關閉南城門。折騰來折騰去,「北門開矣,南門閉矣;龍牌來矣,鐵牌至矣」,可老天爺就是不買他這個帳。

　　堂堂一省之長竟一時沒了主張：這老天爺太不像話，本省長如此苦心祈禱，百姓如此呼籲哀告，他老人家竟毫無憐憫之意，束手旁觀，一毛不拔，真是豈有此理！想著想著，他一拍腦瓜：有了，何不發個祈雨布告，以讓老天知我之誠意，也讓百姓知我關心民瘼。六月十一日，省長布告正式發布。好在這份布告文字不長，讀者看完上文再看這份布告也不會有太大閱讀障礙，特將原文照錄如下：

　　照得（山）東省自春徂夏，雨澤延期，二麥將枯，秋禾未種。本省長深維現狀，殊切隱憂。比經請得即墨縣龍牌，於五月二十九日，率屬祈禱，冀荷天庥，現已浹旬，而各處呈報得雨者，尚不過三十縣。甘霖未遍，寢饋難安。茲復派員赴直隸邯鄲恭迓鐵牌來東，於龍神廟供奉。本省長謹虔誠齋沐，自本月（西元一九二〇年六月 —— 筆者注）十二日起，每日率同僚屬，拈香步禱，以冀仰格蒼穹，蘇我黎庶。其設壇及禁屠等事，仍由歷城縣知事循舊敬謹辦理。特此布告。

　　屈省長在發出這個布告十幾天後，也即一九二〇年六月二十四日，北洋政府總統徐世昌下令免除屈映光省長職務調京任用，由浙江省省長齊耀珊接任山東省省長。屈映光祈雨之事，不了了之。說實在的，這還真不是一個瞎編的段子，因為這事刊登在一九二〇年六月十七日《民國日報》上，題目是〈屈辮子祈雨怪象〉。如此，應是庶幾接近事實之真況。

　　話說回來，濟南城北的水患解除了，曾鞏懸著的心終於放下了。

　　城南呢？如何防範濟南南山下來的洪水呢？

　　曾鞏思索，只有在城南和城西以外修建一條新渠，把南山下來的洪水直接透過城外導入城北並引水灌田，如遇大雨，不就能避免洪澇直襲城內嗎？

　　說幹就幹。他直接選定在南關閱武堂（亦稱演武場）以南開拓渠道。

　　一條「新渠」（今南城壕與西城壕，即南圩子河與西圩子河）迅即修成。這樣更好地解決了城內的水患，又充分利用山水灌溉城西北的農田，一勞雙益。

　　曾鞏對自己的傑作甚感欣慰。於是，在新渠竣工之日，他寫了一首〈閱武堂下新渠〉對新渠誇讚一番：

> 方渠新鑿北林開，流水遙經畫閣來。
> 洗耳厭聞誇勢利，濯纓羞去傍塵埃。
> 不憂待月乾詩筆，已欲看華泛酒杯。
> 卻憶虎溪橋上過，夜涼臨砌尚徘徊。

　　新渠已成一幅漂亮的圖畫！

　　曾鞏的忘年之交孔平仲來濟南探望曾鞏時，曾在曾鞏的陪伴下到新渠一帶遊覽，孔平仲在曾鞏的要求下賦詩一首，題曰〈閱武堂下新渠〉：

東來細溜長，西去餘波漲。

能收四海心，樂此一渠上。

　　修完了北水門、新渠等益民設施，曾鞏又動用盈餘財力，開通了由長清去往博州（今聊城）、直達魏州（今河北省大名縣）的官道。官道修好後，按《宋史·本傳》的說法是：「人皆以為利。」有利於老百姓出行，也方便了道路交通。

　　由於曾鞏在濟南累積了大量治水、開路的經驗，後來他在擔任其他州州官時，在城市建設和城市管理中，也往往以治理河渠、疏導交通為工作重點。

　　熙寧六年（西元一〇七三年）六月，曾鞏調任襄州知州。一天，他碰巧遇到了開封知府孫永。孫永曾在襄州下轄的宜城縣當過縣令，並在那兒修過一條長渠。他雖然早已離任，但十分牽掛長渠之事，於是托曾鞏抽時間做些瞭解。曾鞏親到宜城做了實地考察，發現該渠早已壞廢。後來曾鞏聯合孫永對長渠進行了修繕，並制定了管理制度，使長渠產生了效益。

　　曾鞏將這些情況寫成了〈襄州宜城縣長渠記〉一文，在這篇文章中，他記述了修復長渠的過程：「長渠至宋至和二年（西元一〇五五年），久隳（ㄏㄨㄟ，毀壞）不治，而田數苦旱，川飲者無所取。今孫永曼叔率民田渠下者，理渠之

壞塞，而去其淺隘，遂完故堨（堰壁上的縫隙），使水還渠中。自二月丙午始作，至三月癸未而畢，田之受渠水者，皆復其舊。曼叔又與民為約束，時其蓄泄，而止其侵爭，民皆以為宜也。」幾十年後，當地的老百姓依然在遵守那時的制度，水渠也在繼續發揮著作用。曾鞏還將這一情況上報朝廷主管農業的部門。

第六章
築堤架橋 試肴何似武陵遊

　　解決了齊州城裡城外的水患，曾鞏著手利用疏濬湖水時挖掘出的泥土，在西湖和東湖之間修建了貫穿南北兩岸的長堤，名曰：百花堤。沿堤栽花種柳，號稱「百花林」。百花堤中間修有幾座石橋，以溝通西湖、東湖之水。樓臺亭閣，錯落其間。湖面上，碧波蕩漾，畫舫穿梭，成為當時濟南的一大遊覽勝地。閒暇之餘，曾鞏常常漫步在百花堤上，並一路來至北岸登臨北渚亭。

　　那天，清風徐來，面對一湖碧波，曾鞏詩情大發，欣然命筆，賦長詩一首，表達他面對新建成的百花堤之勝景的歡愉之情：

如玉水中沙，誰為北湖路？
久翳荒草根，未承青霞步。
我為發其枉，修營極幽趣。
發直而砥平，驊騮可馳騖。
周以百花林，繁香泫清露。
間以綠楊陰，芳風轉朝暮。
飛梁憑太虛，嶢榭躡煙霧。
直通高城巔，海岱歸指顧。
為州乏長材，幸歲足粳稌。
與眾飽而嬉，陶然無外慕。

（〈百花堤〉）

從詩中可以看出，先前的百花堤一帶是一片被荒草湮沒的水地，經過曾鞏整修後，百花堤已變成可馳駿馬的筆直平坦大道，間以綠柳、百花，清露芳風，令人心曠神怡。登上長堤北端的城巔——北渚亭，極目遠眺，海岱景物，彷彿就在眼前。又趕上個豐收年，與百姓同遊百花堤，面對美景，詩人不禁陶然而醉。

曾堤縈水

人們走在百花堤上，欣賞著西湖和東湖秀麗的景色，從心裡感謝這位齊州知州，以至九百多年後，人們重修百花堤，並親切地稱它為「曾堤」。真正為百姓做了好事的官員，百姓是世世代代都不肯把他的名字抹去的。

現代詩人洛夫曾寫過一首詩：

……

而他的的確確在一夜之間

替西湖

　　畫了一條叫人心跳的眉

　　且把鳥語，長長短短

　　掛滿了四季的柳枝……

　　洛夫的詩題是〈白堤〉，說的是杭州西湖那條長堤，詩中的「他」指的當然是白居易。但是，若把這詩句放在曾鞏身上，依然是那麼恰如其分。杭州西湖的白堤和齊州西湖的百花堤都是「一條叫人心跳的眉」，長長短短的鳥鳴聲都掛滿了四季的柳枝。

　　「百花」一詞，對於曾鞏而言，可謂情有獨鍾。修建了百花堤，他又在大明湖南岸不遠處，修建了百花橋、百花臺，終於使這塊湖域有了一個自古至今都令人悠然神往的名字 —— 百花洲。據道光《濟南府志》記載：「百花堤即通往北渚亭之徑……百花臺、百花橋、百花洲之名，皆由此始。」

　　有了百花洲的濟南愈發美麗，曾鞏更是被它深深迷住。百花洲建成後，曾鞏曾與客人和全家人乘船遊覽於此，微醺之際興之所至，揮筆寫下〈百花臺〉一詩：

　　煙波與客同樽酒，風月全家上采舟。

　　莫問臺前花遠近，試看何似武陵游。

　　在曾鞏眼中，他沒把治理大明湖、百花洲看作是自己的政績工程、形象工程，而是興致勃勃地對百花洲一帶的清靜

優美景色給予了由衷的稱讚：眼前的風景分明是武陵桃花源仙境了。同樣，在曾鞏好友孔平仲看來，百花洲勝景也是別處無可比擬的：「南瞻復北顧，春水綠漫漫。此地尋花柳，全勝別處看。」（孔平仲《清江三孔集・百花臺》）

曾鞏以後，百花洲的故事越來越多。

後來的乾隆皇帝，在寒食節那天從珍珠泉出門，「舍舟行數步」、「既而復登舟」遊覽百花洲後，寫下了一首詠贊百花洲的詩：「蜿蜒岸幾轉，芳洲乃微露。百花舊傳名，春風幾朝暮。是時值寒食，萬卉霏香霧。詩情偶憶曾，畫意誰傳顧……」第二天，時值清明，乾隆爺意猶未盡，再游百花洲並寫下〈清明即景〉一詩，這天天朗氣清，眼前的景色更是令他陶醉，他儼然成了這方絕妙勝景的主人：

今日湖山分外嘉，百花洲上正蒸霞。
春光大地公魚鳥，翠色兩峰罨鵲華。
杏酪幾匙翻雪色，紙鳶數隊御風斜。
清明豈是客中度，四海為家到處家。

明代學者邊貢是土生土長的濟南人，他的祖父邊寧曾官至奉政大夫，成了朝廷的五品命官，自此家道始興，「遂為歷城華族」。邊貢就是在這樣的士大夫家庭中成長起來的，小小年紀「即蔚有文名」。明嘉靖十年（西元一五三一年），看不慣官場風氣的邊貢在陝西戶部尚書的職位上「以

疾憊疏乞歸」。回到濟南後，他專門在百花洲南畔修建了一座三層高的藏書樓——萬卷樓。邊貢讀書既多，又酷愛收藏圖書，為官之時，他曾自稱「月俸無多苦積書」；後人也曾說他「所蓄不啻數萬卷」。邊貢把畢生收藏的金石碑帖、善本祕笈悉心收藏於萬卷樓中。豈料第二年，萬卷樓遭遇火災，邊貢幾十年心血化為灰燼。他仰天痛呼：「嗟乎！甚於喪我也！」（《列朝詩集小傳·邊尚書傳》）從此，邊貢大病不起，於嘉靖十一年（西元一五三二年）辭世，終年五十七歲。

邊貢的山水詩中，以描繪濟南家鄉的作品為多，成就也最大。他的許多詩篇描寫了大明湖等名勝的綺麗風光，如描寫大明湖佛山倒影的〈七月四日泛湖次暮春佛寺韻〉：

> 湖上扁舟寺裡登，水雲如浪白層層。
> 橫橋積雨斜仍斷，臥石臨溪淨可憑。
> 卻過竹林忘問主，欲尋蓮社恨無僧。
> 酒酣更向城南眺，落日滿山煙翠凝。

詩中，千佛山寺和空中白雲倒映湖中，小橋流水、清溪臥石、竹林斜雨、紅日蒼山，正如後世名家劉鶚所說：「彷彿宋人趙千里的一幅大畫。」

斯人已去，萬卷樓也早已廢圮。邊貢身後，清代詩人任宏遠前來萬卷樓拜謁，發現萬卷樓遺址已成為一片荒苑，他

不由嘆息道：「水雲漠漠少人遊，更有誰知萬卷樓。滿壁圖書隨劫火，百年遺像拜風流。斜風細雨侵荒苑，剩水殘山鎖故丘。回首當年吟眺處，古槐蟬噪一林秋。」

大約在邊貢身後二三十年，另一位明代文壇巨匠也選擇百花洲修建了一座「白雪樓」。

白雪樓

這位被譽為明代「後七子」領袖的巨匠名叫李攀龍。李攀龍中年辭官回到濟南後，在百花洲上建造三層樓一座，取名「白雪」，用「陽春白雪」之典，表明自己清高不俗、絕不趨炎附勢。白雪樓是他讀書、會友、藏書、居住的地方。該樓四面環水，且無橋可通，唯靠小舟與洲岸往來。李攀龍知是志同道合者，才會放船迎客。

　　李攀龍的愛妾蔡姬是濟南名吃「蔥味肉包」的創製者。據清代郝懿行〈證俗文〉記載：「包子，李滄溟（攀龍）食饅頭，欲有蔥味而不見蔥，唯蔡姬所造乃食。其法：先用蔥不切入餡，而留饅頭上一竅，其熟，即拔去蔥，而以面塞其竅。」當年，李攀龍在白雪樓招待同道好友，吃的就是蔡姬親手包制的蔥味肉包。如今，這個蔥味肉包已成為濟南人喜愛、外地人青睞的食品伴手禮，堪與天津的大麻花、臺北的牛軋糖相媲美。

　　西元一五七〇年，李攀龍去世。儘管李攀龍生前就已名震文壇，而且還先後擔任過刑部主事、順德府知府、陝西按察司提學副史、河南按察使等官職，但其身後卻是一片寥落景象。王漁洋《池北偶談》記道：「李滄溟先生，身後最為寥落。其寵姬蔡，萬曆癸卯，年七十餘矣，在濟南西郊賣胡餅自給。叔祖季木考功見之，為賦詩云：『白雪高埋一代文，蔡姬典盡舊羅裙。』滄溟清節可知矣。」一個正三品官員的愛姬在丈夫去世後為生計所迫，竟變賣世居田產，最後淪落到「在濟南西郊賣胡餅自給」的田地，其情境之慘然，令人唏噓。

　　濟水之南，百花洲畔。

　　這裡景色撩人，這裡名人輩出。這裡要找出一位形象代言人，很難，難在隨便拉出一個名士都令人可親可佩。明代

著名詩人許邦才、近代著名教育家鞠思敏、被譽為「蒲學研究第一人」的路大荒、紅色實業家辛鑄九，還有……這個名單可以拉出長長一大串，他們都能為這兒代言！他們每個人都可以寫成一部厚厚的大書！

歷史上有這麼多真名士在這兒住過、生活過，我們有什麼理由不去追隨他們的腳步呢？

清代詩人任宏遠曾專門賦詩〈百花洲〉來描繪這裡泛舟採蓮的動人情景，他這樣寫道：「風過芰荷香，採蓮煙水裡。縹緲畫船移，日暮歌聲起。」另一位清代詩人王德榮，則在夏日傍晚來百花洲滿懷情致地消暑觀雨：「風雨暮瀟瀟，臨湖暑易消。山雲互吞吐，荷芰自喧囂。晚渡船歸岸，新流漲沒橋。相觀清興發，漁笛一聲遙。」

百花洲

　　以上都是日遊百花洲所見所聞，而夜遊百花洲則別有一番情趣。清代學者馬國翰是在某年的八月初八日夜遊百花洲的。他傍晚日暮時分登船先遊大明湖，並賦詩一首：

> 一徑入蘆葦，四周環芰荷。
> 秋城暮煙起，別港晚涼多。
> 酒熱飛螺盞，詩成付棹歌。
> 伊人不可見，風露澹微波。

　　遊興未盡，他又把船划進了百花洲，這時已是夜色深深，不遠處譙樓傳來了陣陣報更的梆子聲：

> 移舫百花渚，蕭然夜色增。
> 譙樓起宵柝，漁屋閃秋燈。
> 水外人千里，天西月半棱。
> 歸來期後約，還共問魚菱。

　　很顯然，詩人一夜遊百花洲，仍未能盡其遊興，所以還口口聲聲和別人相約要再來此一遊呢！

　　一九二七年出版的《濟南快覽》一書記載了當時百花洲的情況：「回龍灣之水，北出百花橋玉帶河，會芙蓉諸泉水，自西南注匯，遂為百花洲。洲廣十餘畝，居民多種白蓮，傍岸栽楊柳，四面廬舍，參差相望，真一幅天然畫圖也。」

　　百花洲這幅天然畫圖，竟讓多少代人看得眼花繚亂啊。當然，也包括現在的我們。

　　自古以來，大明湖周邊泉多。泉多水就多，河渠就多。為把濟南打造成一個真正的「城即園林」之都市，曾鞏可謂費盡了心思。大明湖是他每每要去的地方，無論是冬日看霧凇，還是夏日看荷花，美則美矣，但是他總覺得湖畔缺少點什麼。

　　建橋？拱形橋、平橋、石橋、木橋，曾鞏設計了若干方案。山不在高，有仙則靈；橋不在多，成景則名。

　　曾鞏想起，歷史上揚州有「二十四橋明月夜」之譽。唐朝大詩人杜牧寫了一首〈寄揚州韓綽判官〉的詩，結果，「二十四橋」成就了揚州，進而成了揚州風月、揚州美人的代指，人們一提二十四橋，就會想到揚州：

青山隱隱水迢迢，秋盡江南草未凋。
二十四橋明月夜，玉人何處教吹簫？

　　當然，二十四橋是一座橋還是二十四座橋的公案，曾鞏不願多想。這個謎底藏在〈寄揚州韓綽判官〉之中。因為詩人問道，在這二十四橋明月之夜，玉人究竟在何處吹簫呢？這「何處」二字，清楚地說明了「二十四橋」絕不是一座橋。若是一座橋，還用得著問「何處」嗎？當然，也不一定恰好是二十四座橋。在古人筆下，三、七、九、十二、二十四、三十六、七十二、一百零八等都不過是些虛

擬之數，形容數量眾多罷了。況且，杜牧本來就是被人譏為「算博士」的，因為他的詩中好用虛數，如「十二層樓敞畫檐」、「三十六宮秋夜深」、「南朝四百八十寺」等，「二十四橋明月夜」也是這樣的用法，形容唐代揚州的橋樑眾多罷了。

大明湖的橋

　　於是，大美濟南自曾鞏始，在大明湖周邊形成了一個名叫「七橋風月」的景觀帶。就像二十四橋一樣，人們一提「七橋風月」或「七橋煙月」就會想到濟南，就會想到濟南風月和濟南美景。

　　曾鞏本人對湖畔的「七橋風月」勝景更是念念不忘，他在告別濟南之後，專門寫了一組〈離齊州後五首〉，詩中酣暢淋漓地表達了對這一景觀難以割捨的眷戀之情：

將家須向習池游，難放西湖十頃秋。

從此七橋風與月，夢魂長到木蘭舟。

　　「七橋」到底是不是實有七座橋樑？曾鞏先生沒說。其實，他不用說，因為「七橋風月」就是大明湖，「七橋風月」就是濟南。

　　倒是後來有好事者為了湊足「七橋」之數而煞費苦心。

　　元代於欽最先對「七橋」進行了記載，他在《齊乘》卷五「百花橋」條下云：「環湖有七橋，曰芙蓉，曰水西，曰湖西，曰北池之類是也……今皆廢矣。唯百花橋與濼源石橋僅存。」文中所列橋名只有六座，不足「七橋」之數。

　　到了明末，劉敕在《歷乘》「百花橋」條下記道：「環湖有七橋，曰芙蓉，曰水西，曰湖西，曰北池，其三失名……各橋俱廢，而此橋獨存。」劉敕的說法和于欽基本類同，只是到了明代末年，「七橋」之中只有「百花橋」存在，其餘各橋均已廢圮。

　　清初詩人王士禎在《香祖筆記》卷九中把於欽的「濼源石橋」一拆為二，總算湊足了「七橋」之數：「環明湖有七橋，曰芙蓉、水西、湖西、北池、百花、濼源、石橋。」

　　曾鞏的忘年好友孔平仲在熙寧六年（西元一○七三年）三月，曾因事自密州經青州到了濟南。此前，孔平仲雖然未到濟南，但聽他在濟南為官的哥哥孔武仲介紹，他已對濟南

的歷史文化和生態風貌有所了解,他在〈寄常父〉一詩中寫道:「歷城未到已嘗聞,文彩魚鹽市不貧。千里山川齊故地,百年風俗舜遺民。泉聲滑滑長如雨,海氣昏昏晚得春。北渚環波皆好景,為兄詩筆長精神。」

來濟南路上途經濟南東郊王舍人莊時,因天色已晚,又加上颱風下雨,孔平仲當天只好暫居王舍人莊。當晚,他作〈王舍人莊〉(《清江三孔集》卷二十四)一詩,表達了他急於來到「洗耳流泉」的濟南以及見到哥哥孔武仲和曾鞏的心情:「西出齊州似不遠,晚留逆旅尚徘徊。泰山一夜興雲雨,洗耳流泉待我來。」

到了濟南後,孔平仲見到了曾鞏,尊稱長他二十五歲的曾鞏為長者,並作〈上曾子固〉,云:「海邦窮僻想知音,匹馬春風入岱陰。千里山川忘道遠,一門兄弟辱恩深。發揚底滯先生德,振拔崎嶇長者心。更以詩篇壯行色,東歸勝挾萬黃金。」

此後孔平仲在曾鞏和哥哥孔武仲的陪同下遊覽濟南,並作〈曾子固令詠齊州景物,作二十一詩以獻〉,是當時與曾鞏的唱和之作。他在這二十一首詩中,寫到了水西、百花、芙蓉諸橋,可以讓我們了解當時「七橋」的風貌,他筆下的芙蓉橋是這樣的:

出城跨岩嶢，驚目見花豔。
飛蓋每來游，佳境此其漸。

（孔平仲〈芙蓉橋〉）

水西橋是這樣的：

景物此清淡，幽亭獨細論。
恐人容易過，常鎖水西門。

（孔平仲〈水西橋〉）

水西橋

百花橋的風景自然更是花滿香飄：

花滿紅橋外，尋芳未渡橋。
春風相調引，已有異香飄。

（孔平仲〈百花橋〉）

　　七橋，孔平仲寫了三橋，可見「七橋」為實數之說，還是有一定依據的。當然，我們寧可相信曾鞏的「七橋風月」乃是虛數，只是說明濟南水多，水多，橋樑自然不會少。

　　清代黃景仁（西元一七四九年至一七八三年）在應順天鄉試南歸途中遊歷濟南時，曾寫過一首〈偕石緣遊歷下亭〉的詩，「七橋風月」在他眼中只剩下秋風颯颯的水西橋頭的水西亭，不免感覺有些蕭殺：

> 城外青山城裡湖，七橋風月一亭孤。
> 秋雲拂鏡荒蒲芰，水氣銷煙冷畫圖。
> 邑甫名游誰可繼？穎杭勝蹟未全輸。
> 酒船隻傍鷗邊艤，攜被重來興有無。

　　古代文人大都有一番悲秋情懷。悲秋的文人看到的「風月」只是秋雲拂鏡的冷畫圖，想到李邕、杜甫大明湖雅會的場景不能再現。現代人不是這樣。「濟南的四季，唯有秋天最好，晴暖無風，處處明朗。」老舍是一位大名鼎鼎的現代作家，他專門寫過一篇〈大明湖之春〉，就在這篇寫「春」的

老舍

散文中，他卻不惜筆墨地寫了「大明湖之秋」。友人桑子中先生曾為老舍畫了一張《大明湖之秋》的油畫，老舍描述這幅油畫說：「湖邊只有幾株秋柳，湖中只有一隻遊艇，水作灰藍色，柳葉兒半黃。湖外，他畫上了千佛山；湖光山色，連成一幅秋圖，明朗，素淨，柳梢上似乎吹著點不大能覺出來的微風。」老舍先生說，「上帝把夏天的藝術賜給瑞士，把春天的賜給西湖，秋和冬的全賜給了濟南。」此話絕非虛言。

曾鞏離任後的那個秋天，他在千里之外，給在濟南曾經的同僚們寫了一首「七橋風月」的懷念詩：

西湖一曲舞霓裳，勸客花前白玉觴。
誰對七橋今夜月，有情千里不相忘。

（〈寄齊川同官〉）

如今，從大明湖南岸秋柳園東行，但見湖水迂迴曲折，迤邐伸展，多座石橋如玉帶飄逸，似霓虹臥波。這些橋，有的拱身渾圓，有的規矩方正；有的古樸典雅，有的恢宏端莊；有的綠樹掩映，有的身影婆娑；有的傲然屹立，有的姿態綽約……若在朝煙暮靄之時，整個「七橋風月」景觀帶煙水空濛，水氣繚繞，極盡煙雨縹緲之趣，令人流連忘返。

曾鞏魂牽夢繞、千里難忘的「七橋風月」，今夜誰對？

我們！

第七章
到郡一年 每來湖岸合流連

又到盛夏。

曾鞏來濟南已整整一年。

春夏兩季是濟南的旱季。古時候，農耕社會主要是靠天吃飯，這個「天」是指雨水。為了確保莊稼豐收，百姓安居樂業，年逾半百的曾鞏不畏路遙，多次到泰山和岳廟為民獻祭祈雨。

> 旱氣滿原野，子行歸舊廬。
> 籲天高未動，望歲了何如。
> 荒土欲生火，涸溪容過車。
> 民期得霖雨，吾豈灌園蔬。

（〈酬介甫還自舅家書所感〉）

曾鞏在這首詩中，描述了當時濟南地區的大旱景象：荒土欲生火；涸溪容過車，老百姓呼天天不應，期待著天降甘霖。一心為民著想的曾鞏，又哪有閒心拿著貴重如油的水澆灌自己的花園菜地呢？

據《元豐類稿》統計，僅在初到濟南的一年中，曾鞏就曾親自兩登泰山祈雨。解了乾渴之苦，風調雨順、喜獲豐收後，他又親赴泰山謝雨，以表對天地水神的感激之情：「隱然雷出，靄然雲蒸。灑甘霙以兼夕，滅害氣於無形。蓋西極於甸服，東屬乎滄溟。人盈其望，物遂其生。黍芃芃（茂盛的樣子）而擢秀，粟薿薿（茂盛的樣子）而敷榮。使時沴（ㄌ

一、，天災）遂熄，年功可成。人食豐乎鐘鬴（ㄈㄨˇ，
鍋），神祀衍乎粢（ㄗ，古代供祭祀的穀物）盛。民相安於
田裡，吏無用於威刑……」

天降甘霖，五穀豐登，物阜民豐，百姓無凍餒之虞，自
然會安居樂業；作為父母官的曾鞏，當然大為感動，於是，
他寫下了上面這篇文情並茂的〈泰山謝雨文〉。

天遂人願。

熙寧四年（西元一○七一年），曾鞏到任濟南的那天，
久旱的齊州大地恰逢甘霖普降，那天是六月十三。

巧合的是，熙寧五年（西元一○七二年）六月十三，曾
鞏來濟一週年的那天，濟南又下起一場瀟瀟時雨。

曾鞏冒雨站在田間地頭，看著田壟裡已經開始秀穗的穀
子，心裡喜道：「今年又是一個豐收年啊！」他情不自禁地
口占一詩：

去年六月焦原雨，入得東州第一朝。
今日看雲舊時節，又來農畔聽蕭蕭。

興致勃勃之下，他特意為這首詩寫下了長達二十六個字
的詩題〈去年久旱，六月十三日入境，得雨。今年復旱，得
雨，亦六月十三日也〉。六月十三，真乃曾鞏之吉日！

入夜，聽著瀟瀟雨聲，曾鞏不能成寐，翻身起床，謙遜
地用詩筆對自己一年來的工作做了一次小結：

> 薄材何幸擁朱軒，竊食東州已一年。
> 隴上雨余看麥秀，桑間日永問蠶眠。
> 官名雖冗身無累，心事長閒地自偏。
> 只恐再期官滿去，每來湖岸合流連。

　　　　　　　　　　　　　　（〈到郡一年〉）

　　曾鞏為官，信奉的是恪盡職守、夙夜在公。他在政事決策上舉重若輕，說得少，做得多。他不像那些習慣於弄虛作假的政客一樣，有一點功勞就大吹大擂。一年來，他的政績，濟南老百姓都看在眼裡，記在心裡。但他自己卻從不張揚和炫耀，甚至認為自己是個「薄材」，不該坐在官衙「朱軒」裡，「竊食」齊州百姓的民脂民膏。然而，由於曾鞏率真的秉性，卻給他的政敵提供了口實。以致後來資政殿大學士呂公著便在宋神宗面前打小報告，說曾鞏「為人行義不如政事，政事不如文章」，把他評價成一個品格低下、碌碌無為的庸官，斷言他不堪重用。自然，這是後話。

　　曾鞏深深愛著齊州的山山水水，還有生於斯長於斯的濟南百姓，他一直擔心任職期滿後不得不離開濟南，所以常常來到湖畔流連不已，不忍離去……

　　曾鞏要把齊州，哦，濟南，死死銘刻在心裡。

　　這點，我們在他的〈酬強幾聖〉一詩中可以找到更充分的證據：

俯仰林泉繞舍清，經年閒臥濟南城。
山田雨足心無事，水榭華開眼更明。
新霽煙雲飛觀出，晚涼歌吹畫橋橫。
寄聲裴令樽前客，只欠高談一座傾。

抬頭是林木，低首是清泉；雨水潤田地，亭榭花卉盛；天青繞白雲，畫橋伴歌聲……一個「閒」字，表達出曾鞏心目中的濟南城竟然是那麼令人心曠神怡！更刻畫出了任職齊州「官名雖冗」，但曾鞏舉重若輕治理得政通人和後的闊達、輕鬆心境。

濟南的秀麗景色也讓在濟南為官的曾鞏感到自豪和驕傲，他熱情地不斷向朋友們推介濟南是一塊好山好水的好地方。這年秋天，在離濟南不遠的鄆州為官的邵資政寫信給曾鞏，說「入秋以來，甚有遊觀之興，而少行樂之地」，希望曾鞏寫詩介紹一下他為官之地的「山水之景」。曾鞏接到他的信後，興致勃勃地寫了一首長達兩百字的長詩回覆邵資政。他筆下的濟南是這樣的：「……喜有山圍郭，仍憐水滿津。清華閒耳目，瀟灑長精神。秀色秋來重，寒聲雨後新。宿雲當戶牖，流月過松筠。北圃分殊境，西湖斷俗塵。渚花紅四出，沙鳥翠相親。芰老含珠實，魚驚躍錦鱗。飛梁凌窅渺，虛榭壓瀰淪（水深廣貌）。嶺對橫修竹，洲分抱白蘋……」（〈寄鄆州邵資政〉）在這裡，有如屏青山，有遍地

泉水，處處清華，滿滿瀟灑，尤其是一場秋雨過後，暮色蒼
茫中，窗外流彩的暮雲，竹梢上劃過的明月；還有那城北花
圃的幻境，大明湖清奇的雅趣，洲頭爛漫的紅花，被驚起的
鷗鳥，結滿果實的雞頭米，一躍出水的湖魚，凌霄的飛檐，
凌波的水榭，修長的綠竹，拖曳的水草……這是一幅多麼清
奇的山水大畫啊！

濟南的秋天

　　這幅大畫像捲軸一樣，一寸一寸漫展開來，多少年後，
一個震動文壇的文學大家 —— 老舍點明了這幅畫卷的「畫
眼」：「濟南的四季，唯有秋天最好，晴暖無風，處處明
朗。這時候，請到城牆上走走，俯視秋湖，敗柳殘荷，水平
如鏡；唯其是秋色，所以連那些殘破的土壩也似乎正與一切

景物配合：土壩上偶爾有一兩截斷藕，或一些黃葉的野蔓，配著三五枝蘆花，確是有些畫意。『莊稼』已都收了，湖顯著大了許多，大了當然也就顯著明。不僅是湖寬水淨，顯著明美，抬頭向南看，半黃的千佛山就在面前，開元寺那邊的『橛子』—— 大概是個塔吧 —— 靜靜地立在山頭上。往北看，城外的河水很清，菜畦中還生著短短的綠葉。往南往北，往東往西，看吧，處處空闊明朗，有山有湖，有城有河，到這時候，我們真得到個『明』字了。」（《大明湖之春》）

秋山，秋水。

秋色，秋聲。

是濟南，是詩。

是曾鞏詩中的濟南。

其實，在曾鞏任職濟南還不到一週年之時，就有一位道家友人來函詢問曾鞏何時離開濟南回家鄉。曾鞏寫下〈次道子中書問歸期〉以答，詩中對自己用了不到一年的時間，透過除暴安良、去民生苦，從而把齊州治理成平安之州的大好局面進行了客觀描述：

> 竊食東州歲未期，蓬萊人問幾時歸。
> 憑欄到處臨清泚，開閣終朝對翠微。
> 兩印每閒軍市靜，雙旌多偃送迎稀。
> 一枝數粒身安穩，不羨雲鵬九萬飛。

詩中「未期」一詞，言不足週年也。「未期」一詞又見曾鞏〈齊州雜詩序〉：「余之疲駑來為是州，除其奸強而振其弛壞，去其疾苦而撫其善良。未期囹圄多空，而桴鼓（報警的鼓聲）幾熄。」「疲駑」原指衰老的劣馬，在這裡曾鞏用來自謙，說自己愚鈍無能。曾鞏告訴這位道家子弟：我來齊州（竊食：竊取俸祿。謂任官而無作為。常用來作自謙之詞）還不到一年，你（蓬萊人，指道家之人）便問我何時返回。在濟南為官，每天都可以看到清澈透明的泉水和湖水，和下屬相處得很和諧（開閣，指禮賢愛士），辦公條件也很優越，每天都看得見鬱鬱青山。由於境內肅靜，兵士得以休養生息，迎來送往（雙旌，代指官員的儀仗）的事情也不多。所以，我寧肯安於這種簡樸的工作和生活，也不羨慕大鵬一飛九萬里的生活。

曾鞏以只爭朝夕的精神，欲把濟南打造成一座幽棲生活的世外桃源。他真擔心，擔心朝廷把他調往別處，離開濟南。

好友趙抃（ㄅㄧㄢˋ）有「鐵面御史」之稱，史上與「黑麵包拯」齊名。曾鞏知齊州時，恰逢趙抃知青州。聽說趙抃在青州成功治理了蝗災，曾鞏馬上寫了一函從濟南寄給趙抃，在信中他歌頌了趙抃的「一琴一鶴」的高尚品德，褒揚了趙抃的救災功績（見《宋史‧趙抃傳》：「（知青州時）

京東旱蝗，青獨多麥，蝗來及境，遇風退飛，盡墮水死。」
另據蘇軾〈趙清獻公神道碑〉記載：「時山東旱蝗，青獨多
麥，蝗自淄齊來，及境遇風，退飛墮水而盡。」）。

趙抃

　　趙抃接到曾鞏信函，馬上寫詩回寄曾鞏。詩中稱讚曾鞏
治理齊州有方，盼望曾鞏進一步高升，在更廣闊的天地裡有
更大的作為：

太守文章聳縉紳，兩湖風月助吟神。

訟庭無事鈴齋樂，聊屈承明侍從人。

樂天當日詠東吳，一半勾留是此湖。

歷下莫將泉石戀，而今天子用真儒。

（趙抃〈寄酬齊州曾鞏學士二首〉）

趙抃的這兩首詩不僅高度評價了曾鞏的文學才華以及治理齊州特別是大明湖的政績，而且清晰表達了為政簡易，以訟庭無事為樂的執政理念，以及盼望朝廷「用真儒」的選人用人路線。針對曾鞏「只恐再期官滿去，每來湖岸合流連」的想法，勸他「歷下莫將泉石戀」，期待朝廷對他賦予重任。

曾鞏不是不盼望自己高升，只是來濟南一年來，他深深地愛上了這座城而不忍離去。

是濟南這塊熱土，給了他施展行政才能、展示文學才華的大舞臺。

趙抃，作為摯友，你的話未必說到曾鞏心裡去啊。

幾年後，趙抃知越州時採取得力措施，平息了一場特大旱災和重大瘟疫，曾鞏專程去越州實地考察後，寫下了著名的〈越州趙公救災記〉（見本書附錄）一文，記述了趙抃親臨一線救災抗疫的全過程，並指出，趙抃救災抗疫經驗的價值和意義，在於「其仁足以示天下」，「其法足以傳後」。當然，這也是後話。

　　修建百花堤的同時，曾鞏還在靠近大明湖北岸的一塊洲地高臺上修建了一座北渚亭，給大明湖增添了無限風光。

　　在古代，人們把水中的洲地稱為「渚」，譬如，水草豐美之洲謂之「良渚」，南部的水中洲地謂之「南渚」，同樣，地處北部的洲地自然稱之為「北渚」。《九歌‧湘夫人》中「帝子降兮北渚」，就是說：湘夫人來了，降臨在洞庭湖北面那塊洲地上。

　　考濟南「北渚」之名，則始於杜甫之詩〈陪李北海宴歷下亭〉：「東藩駐皂蓋，北渚凌青荷。」杜甫的這兩句詩對仗十分工整，「東藩」對「北渚」，「駐」對「凌」，「皂蓋」對「青荷」，方位對，顏色也對，至為工巧。「東藩」即指北海郡，「北渚」就是後來曾鞏建北渚亭所在的洲地位置。「凌」為凌空、凌虛之「凌」，意思是從古大明湖近南的歷下亭（作者註：歷卜古亭幾經遷址，此處不再贅考），看大明湖的北渚高踞水中，四周滿是青荷環繞，景緻絕佳。

　　北渚亭雄峙壯觀，飛梁和重檐似籠罩在白雲之中，給人以人間仙境的感覺。曾鞏離開濟南一百年後，被尊為「北方文雄」的元好問登臨此亭仍認為北渚亭是一「絕勝」之處。他在〈濟南行記〉中寫道：「凡北渚亭所見，西北孤峰五：日匡山……日粟山……日藥山……日鵲山……日華不注……大明湖由北水門出，與濟水合，瀰漫無際。遙望此山，如在

水中，蓋歷下城絕勝處也。」他還記道：「天晴登北渚，則
隱隱見之（泰山）。」、「由南山而東……與海山通矣。」

元好問

　　北渚亭建好後，曾鞏公幹之餘每每從大明湖南岸的郡
衙，沿百花堤北行至北渚亭駐足，以賞整個濟南的湖光山
色，興之所至，甚至一直坐到午夜才回。曾鞏有詩云：

四楹虛徹地無鄰，斷送孤高與使君。

午夜坐臨滄海日，半天吟看泰山雲。

青徐氣接川原秀，常碣風連草本薰。

莫笑一樽留戀久，下階塵土便紛紛。

（〈北渚亭〉）

　　曾鞏坐在四大開間的北渚亭內，彷彿置身於高高的雲端，看到了廣袤的九州大地上那秀麗的山川，聞到了四野無垠的草木之香氣。到了午夜時分，彷彿就能臨視滄海中正待冉冉升起的一輪紅日和那巍巍泰山上的繚繞煙雲。

　　曾鞏在濟南為官兩年，不知多少次登臨此亭。他在這兒觀景怡神，在這兒宴請賓客，在這兒賞雪聽雨，在這兒為了齊州的發展深謀遠慮……

振衣已出塵土外，卷箔更當風雨間。

泉聲漸落石溝澗，雲氣迴壓金輿山。

寒沙漠漠鳥飛去，野路悠悠人自還。

耕桑千里正無事，況有樽酒聊開顏。

（〈北渚亭雨中〉）

　　詩中的金輿山，是華不注山的別名。「雲氣迴壓金輿山」，是說雲霧籠罩著「孤峰特拔以刺天」（北魏酈道元《水經注》）的華山。這一景觀被後人以「鵲華煙雨」一名列入濟南八景。「鵲華煙雨」的命名，最早見於崇禎十三年

《歷城縣誌》卷二《封域志・山川》「鵲山」條目：「歷下客山勝，而北方之鎮，鵲華並峙，每當烏雲之際，兩山連互，煙霧環縈，若有若無，若離若合，憑高遠望，可入畫圖，雖單椒浮黛，削壁涵青，各著靈異，乃昔人合標其勝曰『鵲華煙雨』。」成書於崇禎六年（西元一六三三年）的《歷乘》，其卷十五《景物考》則云：「昔人標為八景，而滄桑代變，湮沒者多。」足見濟南八景之一的「鵲華煙雨」在明代時就已歷經久遠。「昔人合標其勝」，更是說明明朝以前的濟南人就有了一種「大景觀」的概念。「合標」用現代話來說，就是「打包」處理，兩山相距甚遠，距濟南老城也有十數里之遙，把鵲華二山和大明湖「合標」為一景，足見古人之智慧。這與後來人們常提到的濟南另一景觀「齊煙九點」有著異曲同工之妙：站在千佛山上，向北一望，十幾座山頭盡收眼底，構成一幅精緻的大景觀。

在曾鞏離開濟南的第二年，蘇轍於熙寧六年（西元一〇七三年）來到齊州擔任掌書記。來濟南之前，蘇轍就對濟南嚮往已久：「始余在京師，遊宦貧困，思歸而不能。聞濟南多甘泉，流水被道，蒲魚之利與東南比，東方之人多稱之。會其郡從事闕，求而得之。」（蘇轍〈舜泉詩並敘〉）可見，濟南的富足和美譽是蘇轍主動要求來濟南工作的動因。到濟南後，他在〈北渚亭〉詩中描繪了月夜於北渚亭宴飲遊

樂的情形：

> 西湖已過百花汀，未厭相攜上古城。
> 雲放連山瞻岳麓，雪消平野看春耕。
> 臨風舉酒千鐘盡，步月吹笳十里聲。
> 猶恨雨中人不到，風雲飄蕩恐神驚。

　　蘇轍登北渚亭正是春季的一個月夜，是白天遊玩百花洲和西湖以後，遊興未盡，遂相約三五好友來北城登亭宴飲。在詩中摭拾舊典，他甚至把濟南的北渚亭想像為楚辭〈九歌〉中的「北渚」，由此生髮出美麗的聯想，並據以立意，使人讀後浮想聯翩。

　　在曾鞏離開濟南二十一年後，「蘇門四學士」之一的晁補之來到這裡，見北渚亭經過二十多年的風雨侵蝕，有些地方已經坍塌，便加以修復，並應下屬請求，草就了一篇〈北渚亭記〉。但晁補之總覺得此記不能傳達出所領略到的湖山之美，且有模仿曾鞏〈擬峴臺記〉（擬峴臺為江西撫州第一勝景，與河北幽州臺、山西鸛雀樓、贛州

蘇轍

郁孤臺齊名。興建當年，曾鞏曾作〈擬峴臺記〉，為臺記之權輿也）之嫌，遂改作〈北渚亭賦〉。他在序言中說：「嘗登所謂北渚之址，則群峰屹然列於林上，城郭井閭皆在其下，陂湖迤邐，川原極望……曠然可喜，非特登東山小魯而已。」文章寫出了高高北渚亭巍然可觀的非凡氣勢。今大明湖北門裡陳列的明湖寶鼎上鑄有晁補之的〈北渚亭賦並敘〉全文。

明湖寶鼎

　　又過了六十多年。此前半個世紀，大宋王朝已經分崩離析。此時朝代已經更替，北渚亭依然高高聳立在大明湖北渚臺上。

　　元世祖中統元年（西元一二六一年）盛夏季節，元特使郝經出使南宋路經濟南時，曾在北渚亭遊宴，郝經高度讚美濟南湖山之美，說「江南風景已不殊」，而「（北）渚亭即是西湖亭」：

> 往年薄遊宴渚亭，高秋霜落波光清。
> 今年持節又來宴，菱葉荷花香半城。
> 城南倒插泰山腳，城北沉涵海氣橫。
> 周圍盡浸樓臺影，魚鳥慣聞簫鼓聲。
> 錦堂流出珍珠冷，花底漂搖碎光炯。
> 名泉多在府第中，繡簾深掩胭脂井。
> 推波委濤到北渚，匯蓄涵渟數十頃。
> 虹橋桁柳平分破，巨壑雲莊入煙暝。
> 濟南名士多老成，行臺突兀皆名卿。
> 樽中正有李北海，坐上寧無杜少陵？
> 堰頭臘甕滿船求，歌舞要送行人行。
> 江南風景已不殊，渚亭即是西湖亭。

（元郝經〈使宋過濟南宴北渚亭〉）

這是郝經第二次在北渚亭宴飲。

　　「持節」一詞，指古代使臣奉命出行，必執符節以為憑證。多年前，郝經游宴北渚亭時，正是深秋季節，他看到的是一片波光清瑩；而今再遊此地，菱葉、荷花的淡淡香氣已瀰漫了大半個濟南城。站在北渚亭上，但見城南諸山鬱鬱蔥蔥；往北眺望，華山腳下，水泊浩瀚，煙雨迷濛。環顧北渚亭周圍那如鏡的湖水倒映著亭臺樓閣，連魚兒和鷗鷺都聽慣了笙歌鼓聲。繁華高大廳堂下流出珍珠般的清冷泉水（「錦堂流出珍珠冷」）四句，是「家家泉水，戶戶垂楊」的真實寫照；「濟南名士多老成」四句，又將他同濟南當地「名卿」們的聚會，和李北海（李邕）、杜少陵（杜甫）在歷下亭飲宴相提並論，對杜甫「濟南名士多」的贊語做了現實版的註腳。「堰頭臘甕滿船求，歌舞要送行人行」，岸邊裝了滿滿一船的盛著醇美臘酒的罈子以及岸上載歌載舞歡送郝經的人們，則充分表現了濟南人豁達好客的熱情，不禁讓人想起當年汪倫送別李白時的場景：「李白乘舟將欲行，忽聞岸上踏歌聲。桃花潭水深千尺，不及汪倫送我情。」（唐李白〈贈汪倫〉）所以，在詩人眼中，江南美景同濟南勝景相比已然沒有什麼特別之處，大明湖畔的北渚亭簡直就是杭州的那座西湖亭。郝經寫曾鞏修建的北渚亭，生動而又形象，空靈而有餘味，自然而又情真。

　　郝經是曾鞏的知音，也是濟南的知音。

　　些許遺憾的是，隨著歲月更迭，風雨侵蝕，人們再也看不到北渚亭那偉岸身姿了。元代至元十七年（西元一二八〇年），一個名叫楊成的人，在北渚亭舊址上修建了一座北極閣。

　　而今，登上大明湖北岸的北極閣舉目遠眺，遠山近水，樓臺煙樹，仍皆成畫圖。人們可聊以慰藉了。

北極閣

第八章
寄情山水（上）
一峰孤起勢崔嵬

　　北宋時期的濟南，風景宜人，文化昌達，是文人墨客樂於駐足吟詠的地方。加上曾鞏來後對湖、山、林、泉的不斷治理，先後修葺了許多樓臺亭閣，如靜化堂、名士軒、西軒、芙蓉堂、芍藥廳、凝香齋、環波亭、水香亭等，使得整個濟南成為一方如詩如畫的錦繡天地。

　　那望不盡的亭臺樓閣，看不夠的山水園林，詠不盡的百代景觀，憶不完的千古風流，纏綿不絕的萬般風情都成了文人歌詠的絕好素材。隨著百姓生活逐步安寧、社會秩序趨於穩定，曾鞏便在公務之暇遍遊濟南的山水勝景，並寫下了大量歌詠濟南風物的詩文佳作。這些詩歌語言清麗優美，風格明快疏朗，且數量多達七十餘首，有著極高的史料價值和藝術價值。

　　千佛山是曾鞏喜歡的名勝之一。《史記‧五帝本紀》稱「舜耕歷山」，但是，歷山之名在國內有二三十處。曾鞏在〈齊州二堂記〉中，反對《水經注》引鄭玄「歷山在河東」的觀點，認為濟南的歷山（即千佛山）才是古代大舜所耕種的地方，他考證說：「以予考之，耕稼陶漁，皆舜之初，宜同時，則其地不宜相遠。二家所釋雷澤、河濱、壽丘、負夏，皆在魯、衛之間，地相望，則歷山不宜獨在河東也。」曾鞏用字不多，但有理有據，得出了舜耕的歷山就是現在千佛山的結論。曾鞏喜歡千佛山，每次登臨千佛山，都有流連

忘返之感。為此,他還親自把趵突泉畔的堂捨命名為「歷山堂」。

千佛山

曾鞏也喜歡鵲、華二山。

在大明湖北渚亭上北望,浩渺的蓮子湖中,華不注山宛如一株含苞待放的荷花蓓蕾,在水中挺立。最早描繪華山形象的是北魏酈道元,他說它:「單椒秀澤,不連丘陵以自高;虎牙桀立,孤峰特拔以刺天。青崖翠發,望同點黛。」(《水經注》)唐代那位號稱「青蓮居士」的李白形容華山是「綠翠如芙蓉」、「含笑凌倒景」(《古風五十九首》),更是逼真。

華山

　　曾鞏曾在北渚亭上多次遙觀華山。前文談到，有一次，他在大明湖北岸的北渚亭遇雨，便寫下了「泉聲漸落石溝澗，雲氣迴壓金輿山」的著名詩句。金輿山，即華不注山，這點曾鞏早在翻閱當地誌書時就已瞭然於胸，他在〈華不注山〉一詩的題注中特意記道：「《水經》：華不注山虎牙桀立，孤峰特起，青崖翠嶺，望如點黛。《輿地誌》又云：亦名金輿山。」每當夏秋季節陰雨連綿之時，半山腰上雲霧繚繞，煙雨濛濛，酷似仙境，當地人稱「華山戴帽」。「雲氣迴壓金輿山」一語，正是對這一自然景象的真實寫照。

　　這天，曾鞏專程登臨華不注山，下山後，他又在華山腳下尋覓「三周華不注」的歷史遺蹟：

虎牙千仞立巉巉，峻拔遙臨濟水南。

翠嶺嫩嵐晴可掇，金輿陳跡久誰探。

高標特起青雲近，壯士三週戰氣酣。

丑父遺忠無處問，空餘一掬野泉甘。

詩中提到的「壯士三週」、「丑父遺忠」，說的是春秋時代的一場重要戰役。《春秋》載，魯成公二年（西元前五八九年）六月，魯、衛、曹國參加了以晉國為首的聯軍，一起攻打齊國：「戰於鞌，齊師敗績。」所謂「鞌」（同鞍），即「齊煙九點」之一的馬鞍山，現名北馬鞍山，在金牛山以西。這次鞌之戰，在《左傳》上記敘得有聲有色。六月十六這天，晉國聯軍從莘（今山東莘縣）追趕齊軍進抵靡笄山下（今濟南槐蔭峨嵋山）。翌日一早，齊軍在馬鞍山下擺開陣勢，齊頃公驕傲輕敵，言稱「滅此而朝食」，並親自坐在戰車上指揮戰鬥。結果，齊軍大敗，向東逃去，晉軍緊緊追趕，「逐之，三週華不注」。齊頃公慌不擇路，繞著華山轉了三圈。齊國大臣逄丑父情知不妙，立刻和齊頃公換裝易位，冒充齊頃公。戰車逃到華山腳下華泉畔時，拉著戰車奔馳的兩側戰馬被樹木掛住了韁繩，情急之下，逄丑父以齊君身分命齊頃公下車到華泉佯裝取水來喝，結果逄丑父被俘，齊頃公趁機逃脫。後來，晉國聯軍兵鋒直指齊國都城臨淄，齊頃公被迫割地求和。鞌之戰，作為歷史上的著名戰

例，影響很大，這也使得華不
注、華泉、馬鞍山成了著名的
歷史遺蹟。

曾鞏遊覽華山，聯想起
齊、晉兩軍「三周華不注」的
激烈廝殺場面，想到逄丑父危
難之時忠心救君王的英勇事
蹟，不由感嘆：「空餘一掬野
泉甘」。俱往矣，只剩了這眼
野外的甘泉仍然汩汩而湧。曾
鞏不免有些戚戚然。

華山忠祠祭祀的逄丑父像

「丑父遺忠無處問，空餘一掬野泉甘」，與後來清代詩
人趙執信「欲尋丑父易位處，華泉之水今獨清」（〈華不注
行〉）有著異曲同工之妙。

華山與鵲山，自古以來就是濟南北部的一道盛景。兩山
東西隔水相望，左右映帶，相看兩不厭，互為襯托，又遙相
呼應，這自然會被詩人聯想所聚焦，幻化出無窮的意象和憧
憬。如果說，華山如出水芙蓉，那麼，鵲山就如美女臥枕。

鵲山橫列如屏，山上林木青翠，怪石嶙峋，有的突兀矗
立，有的壁立千仞，有的懸空欲飛。舊有鵲山院、鵲山亭、
扁鵲墓等古蹟，傳說是名醫扁鵲居住行醫之處。山下據說原

有鐘、鼓二石，以石擊之，其聲可遠颺數里。「總是濟南為郡樂，更將詩興屬何人。」詩興勃發的曾鞏寫了華山，自然不會落下鵲山：

> 一峰孤起勢崔嵬，秀色接藍入酒杯。
> 靈藥已從清露得，平湖長泛宿雲回。
> 翰林明月舟中過，司馬虛亭竹外開。
> 我亦退公思蠟屐，會看歸路送人來。
>
> （〈鵲山〉）

鵲山

鵲山得名有兩說，一即前文所述，因神醫扁鵲居此而得名；另一說是有人認為山上多喜鵲而得名，如元代詩人元好問，他曾在《濟南行記》中寫道：「鵲山每歲七八月間，烏鵲群集其上，故名鵲山。」從曾鞏詩中「靈藥」一詞可知，

曾鞏更願意相信第一說。

華山腳下古有華陽湖，而鵲、華二山之間原有鵲山湖，碧波萬頃，湖光浩渺。從濟南城內眺望，山色黛青，近水海藍，煙波靉靆，景色絕佳。特別是在秋季涵煙欲雨或風片雨絲之中，雲氣蒼茫，輕霧瀰漫，鵲、華二山一似飄浮在煙雲當中，猶如一幅水墨山水畫圖。元代趙孟頫的傳世名畫《鵲華秋色圖》就取材於此。清人任宏遠〈明湖雜詩〉中所詠「細雨濛濛煙漠漠，憑誰寫出輞川圖」句，正可移用於此。

曾鞏的鵲、華二詩，好像是為兩百年後在濟南為官三年的趙孟頫那幅傳世名作《鵲華秋色圖》提前做好了構思，只等著趙孟頫鋪開畫紙，提筆繪就了。

元貞元年（西元一二九五年）夏秋之交，趙孟頫由濟南借病乞歸，返回闊別多年的故鄉吳興。

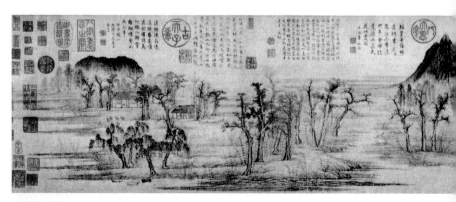

鵲華秋色圖

　　生長在吳興的濟南籍詩人周密（公瑾）得知趙孟頫曾在
濟南為官，加上意氣相投、志向相通，兩人遂成知音。趙
孟頫曾寫〈次韻周公瑾見贈詩〉，既吐露自己如「池魚思故
淵」的思鄉情感，又抒發知音難覓之慨，同時對周密的關照
表示感激。周密雖祖籍濟南，但從未來過濟南，對濟南的情
況知之甚少。趙孟頫還把在濟南收購的書畫古物拿給周密
欣賞，向他講述濟南山川的曠逸秀美，並為他繪製了著名
的《鵲華秋色圖》。據趙孟頫在《鵲華秋色圖》的題記云：
「（周公）瑾父齊人也，余通守齊州，罷官來歸，為公瑾說齊
之山川，獨華不注最知名。則可知公瑾雖為齊人，生平未嘗
一履齊地也。」

　　《鵲華秋色圖》呈現的是濟南北部一帶風光，極目遠
眺，一望平闊，矗立著兩座山。右方尖峰突起的是華不
注山，左方圓平頂的是鵲山。兩山之間，錯落著楊樹、

小松及不知名的雜樹。遠處一排杉樹，鬱鬱蔥蔥，有些
葉已略脫，樹枝分明可見，葉子染紅染黃，這是秋的訊
息。山羊五頭，散處在簡陋的茅草屋前嚙食。水邊扁舟
數葉，舟上漁叟撐篙。岸邊一漁夫持竹竿敲水趕魚，正
待提網。《鵲華秋色圖》在趙孟頫滿懷激情的筆墨色彩交
融中，帶給了周密一幅遙遙的故鄉夢境。

　　再讀「虎牙千仞立巉巉，峻拔遙臨濟水南」、「一峰

孤起勢崔嵬」、「平湖長泛宿雲回」，曾鞏對鵲、華二山的生動描繪，果真早早就為趙孟頫的畫作打好了腹稿。

　　過去，從濟南城出發去登鵲、華二山，是十分麻煩的事兒。

　　距曾鞏兩百多年後，元代文人王惲曾寫過一篇〈游華不注記〉的文章，裡面記述了去華山的一些具體情況：「自歷下亭登舟，亂（穿過）大明湖，經會波樓下，出水門，入廢齊漕渠，所謂小清河者是也。泛灩東行，約里餘，運肘而北，水漸瀰漫。北際黃臺，東連疊徑，悉為稻畦蓮蕩，水村漁舍，間錯煙際，真畫幀也。於是綠萍蕩槳，白鳥前導，北望長吟，華之風煙勝賞，盡在吾目中矣。是日也，天朗氣淑，清風徐來，水平不波，鳴絲歌板，響動林谷。」曾鞏逝世四十五年後的西元一一二八年，劉豫任濟南知府，這個曾殺害抗金名將關勝並降金的知府在濟南干了一件大事，就是開鑿了小清河，填掉了鵲山湖。去華山只能沿小清河東行，在黃臺南邊航行至華山腳下了。劉豫填湖的行為被後人所貶，如清人朱畹聯想到古時曾經的「煙水瀰漫相透迤」的城北景色，「而今平地盡圖展，滿眼菜花水清淺，漠漠水田白鷺飛，陰陰夏木黃鸝囀。」於是，作〈鵲山湖懷古〉言：「獨恨劉豫填此湖，城北風景今頓殊。」

　　曾鞏又有〈鮑山〉詩一首，寫的是濟南東部的鮑山，

詩云：

> 雲中一點鮑山青，東望能令兩眼明。
> 若道人心似矛戟，山前那得叔牙城？

　　鮑山是春秋時齊國大夫鮑叔牙的封邑，故名。遙看雲中青青一點的鮑山，為什麼會頓覺心明眼亮呢？鮑叔牙薦賢舉能的高尚風格，為後人所景仰，堪為楷模。假如世態炎涼，人心像矛和戟一樣無情，這鮑山腳下的叔牙城又是怎麼來的呢？

　　曾鞏，這位濟南人敬重的南豐先生，不僅重民生，更重世風、揚正氣。曾鞏寫鮑山，發思古之幽情，既表達了自己對先賢的褒揚之意，又讓「管鮑之交」的真情與鮑山一起融入濟南的人文精神之中，光耀萬世。

　　濟南城南，群山連綿。

　　濟南之勝，在於一泉，在於一湖，也在於一山。後來有位作家以優美的筆法這樣描繪濟南千佛山：「紅的火紅，白的雪白，青的靘青，綠的碧綠，更有那一株半株的丹楓夾在裡面，彷彿宋人趙千里的一幅大畫，做了一架數十里長的屏風。」（清劉鶚《老殘遊記》第二回）

　　曾鞏到濟南南山探尋泉源，恰是桃花梨花開盡時的春雨季節，他眼中的濟南城南景色是：

雨過橫塘水滿堤，亂山高下路東西。
一番桃李花開盡，唯有青青草色齊。

（〈城南一〉）

　　一場春雨迅猛而來，池塘水滿，順堤流成瀑布，然後，雨從亂山高處落下，分東西兩路傾瀉而去。熱熱鬧鬧地開了一陣的桃花和李花，此刻已開過時了，只見眼前「一歲一枯榮」的春草萋萋，碧綠一片，充滿著勃勃生機。在曾鞏心目中，濟南南部山區會留給你一種別樣的、充滿生命力的況味、韻味和無盡的回味。

濟南南部山區風光

需要多解釋幾句，有學者認為，曾鞏詩中的「橫塘」是指原建業（南京）秦淮河南岸的古堤名，一說「橫塘」在蘇州西南。實際上，在唐宋詩詞中，「橫塘」更多用來泛指池塘，如唐溫庭筠〈池塘七夕〉詩：「萬家砧杵三篙水，一夕橫塘似舊遊。」唐末牛嶠〈玉樓春〉詞：「春入橫塘搖淺浪，花落小園空惆悵。」宋陸游〈秋思絕句〉：「黃蛺蝶輕停曲檻，紅蜻蜓小過橫塘。」其中的「橫塘」都是指池塘，並非特指。曾鞏的〈城南〉共有兩首，在《城南二》中，他又一次寫到了「橫塘」，並且感嘆「身在天涯未得歸」，濟南到南豐足有一千三百公里，足可謂「身在天涯」。再者，根據曾鞏在濟南時的詩風來看，〈城南〉二詩清雋淳樸，富有陰柔之美，也可推定此二詩寫的是濟南城南。曾鞏為考察趵突泉源頭並親自「驗之」，多次到過濟南南部山區探訪，是完全可以肯定的。還是看看他的〈城南二〉是怎樣寫的吧：

水滿橫塘雨過時，一番紅影雜花飛。
送春無限情惆悵，身在天涯未得歸。

兩首詩寫的都是雨後山景，意境卻各盡其妙。兩首詩選取富有濟南南部山區典型意義的景物作為描寫對象，既含理趣又不失詩意，深刻而自然，還飽含思鄉之情，的確耐人尋味。

濟南南山，水墨清奇，真是一個採天地間靈秀之氣、孕育詩情畫意的地方。

　　還是濟南南部山區。靈岩寺風光優美，殿宇崢嶸，自古
就是遊覽勝地。唐代李吉甫《十道圖》，把靈岩寺與「潤之
棲霞（今江蘇南京）、臺之國清（今浙江天臺）、荊之玉泉
（今屬湖北江陵）」三寺並稱為「域中四絕」。早於曾鞏三十
年的慶曆年間長清縣尉張公亮在〈齊州景德靈岩寺記〉中這
樣描繪靈岩寺：

　　泰山西北阯，群山擁翼，連屬百餘裡。摩空干雲，秀拔
萬狀；曲如列屏，削如立壁；矗如撑劍，銳如植圭（古代帝
王諸侯舉行禮儀時用的玉器，上尖下方）。煒幌掩映，城堡
環繞。虎兕（ㄙˋ，雌性犀牛）奔突，龍蛇盤屈。峑（ㄧㄣ
ˊ，山石高峻奇特）為岩谷，岈（ㄧㄚˊ，山深貌）為洞穴。
斷為溪潤，引為林麓；峰卓嶺聳，巒跳巘（ㄧㄢˇ，大山上
的小山）疊。翠木陰蔚，飛泉激越。中有川焉，厥土衍沃。
齊魯通道，出於其間。左一山崿起曰雞鳴，緣北麓絕潤循谷
口上，東北走二十里，險盡地平，山勢圍抱，四面峭絕如堵
牆；蒼岩之下，紺殿崛起。峻塔貫雲，寶樓結瑤，高門嵯峨，
長廊連延；遠而望若畫圖中物，即是寺也。

靈岩寺

曾鞏來游，無疑又是歷史上的一段山水佳話。

法定禪房臨峭谷，辟支靈塔冠層巒。
軒窗勢聳雲林合，鐘磬聲高鳥道盤。
白鶴已飛泉自湧，青龍無跡洞常寒。
更聞雷遠相從樂，世道囂塵豈可干？

（〈靈岩寺兼簡重元長老二劉居士〉）

　　靈岩寺的創始人是法定禪師，他於北魏孝明帝正光元年
（西元五二〇年）來此地開闢山場，引泉建寺。法定禪房，
被後人稱為祖師殿，亦名定公堂，今已廢圮。山無寺則野，
寺無山則俗。法定禪師先建寺於方山之陰，曰「神寶寺」；

　　後來，人們又建寺於方山之陽、甘露泉西，曰「靈岩寺」。
和曾鞏同時代的宋代學者卞育在〈游靈岩記〉中稱讚靈岩寺
說：「齊有靈岩寺，居天下四絕之一。海岱間山水之秀，無
出其右者……長廊大廈，其制甚雄。擊石鳴金，其徒甚眾。」
靈岩寺歷經唐宋元明清歷代重修擴建，形成今日之宏大形
制。如今，站在方山之上，居高臨下，泰岱景色盡收眼底，
綠樹古寺，若隱若現，讓人頓感靈岩山之靈氣充溢，並想起
古人「靈岩奇異出塵寰，壓盡江南萬重山」的詩句來。

　　曾鞏遊覽靈岩寺時，法定禪師的禪房還建在山東北的懸
崖峭壁上並留有遺址，九級辟支塔高聳入雲，其亭亭玉立的
白色修姿，突出於青山綠樹之中。辟支塔以辟支佛命名，塔高
五十四米多，八角九級十二檐，青磚砌壘。塔基石築，上刻陰
曹地府浮雕。塔身每級四門六窗，一至三層雙檐，其餘單檐。
塔頂置細瘦塔剎，由覆缽、相輪、圓光、仰月、寶珠、剎竿組
成。最上一層，八角各置金剛一尊，拽拉鐵鏈，使剎加固。塔
內設中心柱，東、西、南三面辟龕，內置石刻辟支佛像。塔有
磚砌臺階，盤旋登至塔頂，可觀賞靈岩勝景全貌。

辟支塔

　　泉因山而生，山因泉而幽。靈岩寺周圍，群山環抱，林木蓊蓊，山泉叮咚，深奧幽邃。一座靈山若是沒有了水，那該是多麼掃興的事兒啊。靈岩之幽，一是環境使然，二是心理感受。其實，靈岩之幽，除了樹密林深、松柏湧翠，除了古寺隱隱、清風徐來，除了鳥鳴蟬嘈、花香浮動，還有那一汪汪清泉，淙淙潺潺、清淺幽邃。

　　靈岩山諸泉中最著名的一個，叫甘露泉，位於靈岩寺大雄寶殿東北里許，有「靈岩第一泉」之稱。歷史上許多文人，如元代的郝經，清代的施閏章、姚鼐、王培荀等詠詩撰文讚美。昔日，這裡殿宇眾多，著名的有達摩殿、五氣朝元

殿、觀音殿等。東側懸崖壁立，岩壁雜木叢生。其間隱一石穴，泉水似露珠般瀉出，叮咚作響，清冽甘美，故名「甘露泉」。僧人即於此泉汲水煮茶為炊。池上建紅柱寶頂小亭，池旁還設石桌石凳，人們常於此博弈吟詠。夜深人靜，寺內僧人也常於此說法論經。人稱此處為「清涼境界」。乾隆皇帝曾在這裡建行宮，並多次駕臨，每次均有詩作留世，其中〈甘露泉〉詩曰：「石罅淙泉清且冷，觀瀾每至小徜徉。設雲此即是甘露，一滴曹溪誰果嘗。」今泉自崖下石縫流出，匯入長方形池內，清澈見底，綠藻飄動，終年不涸。盛水季節，水自池西壁石雕龍頭口中瀉出，沿溪奔流，聲聞數里。

甘露泉

卓錫泉、雙鶴泉、白鶴泉三泉在靈岩寺千佛殿東側岩壁下，清《長清縣誌》、《濟南府志》、《靈岩志》均有著錄。相傳，法定禪師由白虎馱經，青蛇引路，來到靈岩，轉了多時，見無水，正猶豫時，忽有樵夫指點，說雙鶴鳴處有泉，然後隱身不見。法定禪師順著樵夫所指的方向走去，兩白鶴飛起的地方果然有兩泉，法定禪師便將錫杖插於地上休息，隨之順著錫杖又湧出一泉，這就有了「雙鶴」、「白鶴」、「卓錫」泉的稱謂。三泉相鄰，故民間有「五步三泉」之說。曾鞏詩中「白鶴已飛泉自湧，青龍無跡洞常寒」一語，就是暗用此典。「洞常寒」的洞當指明孔山的山洞，明孔山「其山一孔，南北相通，盤旋北入，內有石佛像。再入，一窟甚深。山巔有靈光亭，圮。」（清聶鈫〈泰山道里記〉）

五步三泉

　　三泉之中，以卓錫泉水最盛。泉在崖壁下洞穴內湧出，泉旁石崖蒼苔滿壁，上垂虯髯翠柏，下植鳳尾修竹。卓錫泉東崖壁下，為白鶴泉，呈石窟狀，泉自窟壁縫隙中流出。雙鶴泉在卓錫泉南，為南北向雙池。三泉細流潺潺，匯為小潭，名曰「鏡池」，又稱「功德池」。池邊原有「卓錫亭」，建於清乾隆年間。卓錫泉西側岩壁，嵌有乾隆皇帝詠泉詩刻五方，其中一首〈卓錫泉〉詩云：「泉臨卓錫一亭幽，萬壑千岩景畢收。最喜東南縹緲處，澄公常共朗公游。」

　　靈岩到處都是汩汩泉眼，靈岩泉群還有袈裟泉等四十餘眼泉，來一次是看不夠的。

　　曾鞏「貪婪」地看過它們後，靜靜地閉上眼睛，沉醉了。曾鞏覺得此地很奇妙，很令人心顫，它的美麗充滿張力。泉面上瀰漫著攝人心魄的氤氳，充溢著超然物外的安詳和幽謐。

　　仁者樂山。

　　曾鞏是一個大仁之人。大仁之人，自然喜歡在名山中盤桓流連。

第九章
寄情山水（中）
十頃西湖照眼明

智者樂水。

曾鞏是一個大智之士。大智之士，自然樂於與水流為伴。

曾鞏遊覽金線泉（今在趵突泉公園內）時，這眼泉水已出現一百多年了。

> 玉甃常浮灝氣鮮，金絲不定路南泉。
> 雲依美藻爭成縷，月照寒漪巧上弦。
> 已繞渚花紅灼灼，更縈沙竹翠娟娟。
> 無風到底塵埃盡，界破冰綃一片天。

（〈金線泉〉）

曾鞏離開濟南二十餘年後，臨淄有位文學家，名叫王闢之，他在紹聖元年（西元一〇九四年）寫成《澠水燕談錄》一書。書中記載了北宋年間金線泉的景況：「齊州城西張意諫議園亭有金線泉，石甃方池，廣袤丈餘。亂泉發其下，東注城壕中，澄澈見底。池心南北有金線一道，隱起水面：以油滴一隅，則線紋遠去，或以杖亂之，則線輒不見。水止如故，天陰亦不見。」該泉東壁、南壁各有泉水湧出，兩股泉水相擁，聚成一條水紋漂浮移動，水紋在光線映照下，如同一條閃耀的金線。二十世紀初，劉鶚寫《老殘遊記》時，也見到了金線泉的奇景。他寫道：

　　那士子便拉著老殘踅到池子西面，彎了身體，側著頭，向水面上看，說道：「你看，那水面上有一條線，彷彿游絲一樣，在水面上搖動。看見了沒有？」老殘也側了頭，照樣看去，看了些時，說道：「看見了，看見了！這是什麼緣故呢？」想了一想，道：「莫非底下是兩股泉水，力量相敵，所以中間擠出這一線來？」那士子道：「這泉見於著錄好幾百年，難道這兩股泉的力量，經歷這久就沒有個強弱嗎？」老殘道：「你看，這線常常左右擺動，這就是兩邊泉力不勻的道理了。」那士子倒也點頭會意。

金線泉

　　老殘對金線泉金線形成的推測，應當是正確的。王辟之的《澠水燕談錄》稱：「（金線）泉之出百年矣。士大夫過濟南，至泉上者不可勝數，而無能究其所以然，亦無一人題詠者，獨蘇子瞻有詩曰……」說士大夫來觀金線泉者不可勝數，是對的；但說「無一人題詠者」，唯有蘇子瞻（蘇軾）曾來此烹茶品茗並寫過詩，就顯得有些孤陋寡聞了！他竟然不知道早在蘇軾來濟南以前，曾鞏就寫過〈金線泉〉一詩加以題詠，而且曾鞏之後文人墨客寫金線泉的詩文也不少，只是仍然要數曾鞏的詩描寫得最巧妙：他寫泉池水面上的「金絲不定」，宛如在冰蠶絲織的薄薄白綃上界畫出一縷金線，一絲絲地游移不定。天上的白雲映入池中，嫩綠的水藻隨著泉水的湧動而競相成縷交織在一起，一彎新月倒映在波中金線之上，好似金弓崩上了一根弓弦。加上池畔的灼灼紅花，池周環繞的娟娟翠竹，絕對可以嘆為觀止了。本來金線泉就隱其「奇」而十分令人神往，曾鞏的詩作更是引人入勝。

　　曾鞏之後，金線泉一帶便成了一處絲竹繁盛之地。元代，時人還在泉畔修建了秀春院：「元時設秀春院於其地，檀板銀箏，殆金陵板橋之比。王季木（王象春）有詩云：『金線泉西是樂司，務頭不唱舊宮詞。〈山坡羊〉帶〈寄生草〉，揭調琵琶日暮時』。」（清王培荀《鄉園憶舊錄》）元代著名戲劇家關漢卿曾以金線泉為背景發生地寫了一齣雜劇《杜蕊

娘智賞金線池》（簡稱《金線池》）。由於該劇常年失演，加上該劇文本難以檢閱，特將《金線池》故事梗概簡述如下：

洛陽秀才韓輔臣遊學「路經濟南府」，而「濟上如今有故人」，遂去拜望有「八拜之交」的濟南府尹石好問。來到濟南府衙，石好問熱情接待了他。席間，韓輔臣結識了家住濟南東關的歌伎杜蕊娘，並即席賦〈南鄉子〉詞一首，詞曰：「裊裊復盈盈，都是宜描上翠屏。語若流鶯聲似燕，丹青，燕語鶯聲怎畫成？難道不關情，欲語還羞便似曾。占斷楚城歌舞地，娉婷，天上人間第一名。」這首詞博得了杜蕊娘傾心，連連稱讚他「好高才也」。

貪財的杜母見韓輔臣銀兩頗多，又是府尹好友，對他甚為有禮。但沒過半年，石好問任滿回京，韓輔臣金錢散盡，杜母便不肯相留。於是，韓輔臣負氣移居他處。杜母卻對杜蕊娘謊稱他移情別戀，另有相好。杜蕊娘心性高潔，聽說心上人「又纏上一個粉頭」，便決絕地嘲諷韓輔臣：「咱本是潑賤娼優，怎嫁得你俊俏儒流！」杜蕊娘氣恨之下一直不肯原諒他，韓輔臣也誤以為杜蕊娘已經變心。

恰在此時，石好問復任濟南，韓輔臣便前往訴苦。石好問於是設計調解，暗地出資讓眾伎設宴於濟南「勝景去處」金線池，勸說兩人修好。杜蕊娘思念韓輔臣，煩悶憂鬱之下喝得酩酊大醉，見韓輔臣來了卻又置之不理。韓輔臣羞憤不已，只好再向石好問告狀。石好問假意藉故要拘拿杜蕊娘，

杜蕊娘無奈只好向韓輔臣求救，二人和好如初。石好問出銀百兩給杜母，又拿出自己的俸銀二十兩，「整備鼓樂」，「擺設個大大筵席」，把杜家親眷和「前日在金線池上勸成好事的，都請將來飲宴」。

自此，韓輔臣杜蕊娘結為夫婦，「早則是對面並肩綠窗前，從今後稱了平生願。一個向青燈黃卷賦詩篇，一個剪紅絹翠錦學針線」。

關漢卿借劇中人物多處描繪濟南風光和金線池畔秀麗景色。韓輔臣移居他處後，一天，「出門來信步閒行走，遙瞻遠岫，近俯清流」。遠山列屏障，石上清泉流，正是濟南特有生態風貌的體現。劇中，濟南府尹石好問對韓輔臣推介：「此處有個所在，叫做金線池，是個勝景去處。」來到金線池畔，杜蕊娘唱道「我則見一派碧澄澄」；眾人也稱「今日這樣好天氣，又對著這樣好景緻，務要開懷暢飲，做一個歡慶會」。這些都是對金線泉美景的讚譽。可見，關漢卿若未在濟南生活、活動過，很難想像他會借用金線泉為背景編創這一曲悲歡離合的愛情故事。

對於大明湖，曾鞏更是情有獨鍾。清人王士禎在《帶經堂詩話》卷十四曾說：「曾子固曾判吾州，愛其山水，賦詠最多，鮑山、鵲山、華不注山皆有詩，而於西湖尤焉。」信哉斯言。

　　經過曾鞏的治理，大明湖風景如畫。百花長堤楊柳成行，七橋風月詩情畫意，亭臺樓閣錯落其間，尤其是在荷花盛開的季節，駕一葉扁舟畫舫遊蕩湖上，更是一件愜意無比的事兒。

　　來到濟南第二年的盛夏時節，眼見又是一個豐年，這天雨後，曾鞏興奮地帶上兩個兒子曾綰、曾綜，和朋友孔武仲、孔平仲兄弟，還有一個李姓秀才，同遊大明湖。此時的大明湖遊人眾多，畫舫如鯽。曾鞏一行乘著畫舫，悠遊在湖面上。只見水面廣闊，微風吹拂，絲絲清涼，讓人感到非常愜意。遠遠望去，千佛山、華不注山、鵲山南北環繞，曾鞏一行深深陶醉其間。

明湖泛舟

不一會兒，船近環波亭。環波亭四周樹木蔥蘢，迴廊清幽。眾人登岸依次坐定。曾鞏興致勃勃地對大家說：「（曾）鞏奉命來是邦，不辱君命，歲又連熟，故得與諸君優遊，願各有詩，以記今日之盛。」說罷，曾鞏率先寫了一首〈環波亭〉：

水心還有拂雲堆，日日應須把酒杯。
楊柳巧含煙景合，芙蓉爭帶露華開。
城頭山色相圍出，檐底波聲四面來。
誰信瀛洲未歸去，兩州俱得小蓬萊。

曾鞏在詩中詳細描摹了環波亭的美麗風光：楊柳在微風中搖搖擺擺，荷花在湖中爭奇鬥豔，花心還帶著清清的露珠。濟南城的四周被青山相擁，亭檐下有波浪聲從四面傳來。微醺中的曾鞏甚至認為，即使那神奇的東海瀛洲是一個虛無縹緲的神話，齊州和瀛洲也一樣都是像蓬萊仙山一般的人間仙境。

曾鞏的詩寫得很清麗，而且頗有意境，大家連連稱讚。於是，孔平仲和曾鞏的兩個兒子紛紛寫了詩。孔平仲吟詠道：「瀟灑塵埃外，崔嵬清淺中。四軒春水闊，兩岸畫橋通。」（《曾子固令詠齊州景物作二十一詩以獻·環波亭》）

聽了兩個兒子的詩，曾鞏見他們少年英發、才思敏捷，甚感欣慰。高興之餘，他連寫了四首和詩，這就是《雨後環波亭次韻四首》，其中三首和給兒子曾綰、曾綜。大兒子曾

綰（字公權，後官至太平州司理參軍）那年才十七歲，二兒
子曾綜（字仲文，後為太廟齋郎）剛剛十五歲。一首是和給
李秀才的。

> 候月已知星好雨，卜年方喜夢維魚。
> 從今撥置庭中事，最喜西軒睡枕書。
>
> 　　　　　　　　　　　　　（〈次李秀才得魚字韻〉）

> 荷芰東西魚映葉，樵舟朝暮客乘風。
> 清泉雨後分毛髮，何必南湖是鏡中。
>
> 　　　　　　　　　　　　　　（〈次綰得風字韻〉）

> 黃蜀葵開收宿雨，紫桑椹熟囀新禽。
> 看花弄水非無事，猶勝紛紛別用心。
>
> 　　　　　　　　　　　　　　（〈次綜得禽字韻〉）

> 丹杏一番收美實，綠荷無數放新花。
> 西湖雨後清心目，坐到城頭泊暝鴉。
>
> 　　　　　　　　　　　　　　（〈次綜得花字韻〉）

　　環波亭是曾鞏在濟南任上倡建於大明湖湖心島上的一
處建築。此亭四周為湖水環繞，不與岸通，故名。蘇轍在
任齊州掌書記期間（熙寧六年至九年，即西元一○七三年
至一○七六年）曾賦詩寫過環波亭，詩曰：「南山迤邐入南
塘，北渚岧嶢枕北牆。過盡綠荷橋斷處，忽逢朱檻水中央。

鳧鷗聚散湖光淨，魚鱉浮沉瓦影涼。清境不知三伏熱，病身
唯要一藤床。」（〈環波亭〉）詩中「過盡綠荷橋斷處，忽逢
朱檻水中央」一句透露的訊息是，環波亭的大體位置應在大
明湖南塘（即今百花洲）的湖心小洲上。該亭在清代尚存，
乾隆年間詩人王初桐〈濟南竹枝詞〉有詩曰：「環波亭子水
中央，面面朱欄影綠楊。山色湖光兩搖漾，鴛鴦鸂鶒（ㄒ一
ㄔ丶，一種水鳥）滿漁梁。」清人馬國翰亦曾以〈環碧亭用
曾南豐韻〉為題，對環波亭及周邊景色進行了描繪：「結構
千年水作堆，臨流不厭日銜杯。四圍搖影葦初合，幾曲飄香
荷盛開。散綠方知漁艇轉，點青擬召鵲山來。闌前靜會澄清
意，頓洗塵心卻蔓萊。」至於環波亭廢圮於何時，無考。

　　曾鞏描寫大明湖的詩作還有很多，尤其那首七律〈西湖
納涼〉，讀來更是令人耳目一新：

> 問吾何處避炎蒸，十頃西湖照眼明。
> 魚戲一篙新浪滿，鳥啼千步綠陰成。
> 虹腰隱隱松橋出，鷁首峨峨畫舫行。
> 最喜晚涼風月好，紫荷香裡聽泉聲。

　　這首詩中的「鷁首」說的是船頭，因為古時人們常常將
鷁鳥畫在船頭上，故名。盛夏的濟南傍晚到哪裡躲避難耐的
酷暑，肯定是乘著畫舫到寬闊的大明湖上。魚戲、鳥啼、新
浪、綠蔭，是大明湖一派盎然生機的真實寫照；隱入松林的

虹橋、高翹船頭的畫舫，欣賞著天上的明月，荷香隨著陣陣涼風吹來，耳畔還隱隱傳來泉水淙淙聲……讀至此，即使你未曾親自領略過大明湖納涼的幽趣，也肯定會感到神清氣爽，如臨其境。

如果說，「魚戲新浪」、「鳥啼綠蔭」、「松橋如虹」、「畫船似鷁」，在杭州西湖、揚州瘦西湖、南京莫愁湖的夏天都是可以逢到的，那麼，「紫荷香裡聽泉聲」則絕對是大明湖之夏所獨有的。

夏日的大明湖，在曾鞏眼中宛如仙境一般，初春的大明湖景色也讓曾鞏陶醉。在濟南，大明湖知春最早！南山上的殘雪還未化盡，大明湖岸邊的柳樹就已在春寒料峭中悄悄抽枝發芽了。絲絲柳條上一串串嫩綠鵝黃的芽苞，是譜奏明湖之春的自然音符。也許頭一天這裡還是「草色遙看近卻無」，第二天你就會突然發現，這裡已是滿眼翠綠了。濟南以外的地方，那春姑娘總是躡手躡腳走來的，顯得不那麼大氣；而大明湖的春天，卻是一夜之間撞進來的。

曾鞏對大明湖的春景感覺很好，見到青青柳色、春水蕩漾，就勾引出無限情思，或讚美，或感嘆，或抒懷。曾鞏滿懷讚頌之情，如此這般描繪大明湖的春天：「漾舟明湖上，清鏡照衰顏。春風隨我來，掃盡冰雪頑。花開滿北渚，水淥（ㄌㄨ ˋ，清澈）到南山，魚鳥自翔泳，白雲時往還。」眼

前的明湖春景，竟使他發出了「吾亦樂吾樂，放懷天地間」
的感嘆！（〈西湖二月二十日〉）

　　曾鞏站在大明湖岸邊，伸了個一冬天的懶腰，真的很
舒服！

明湖春景

第十章
寄情山水（下）
總是濟南為郡樂

　　曾鞏在濟南，還把州衙所在的大明湖南岸一帶（今省政府大院至百花洲迤南及珍珠泉）整飭一新，修建了許多亭臺樓閣，形成了大明湖迤南老城區的園林風貌。

　　據元好問《濟南行記》記載：他五歲時（西元一一九五年）曾隨到山東掖縣（今山東萊州）為官的繼父元格道經濟南，便對濟南產生了美好而深刻的印象。四十二年後，他已頗負詩名，再游濟南：「乙未七月，至濟南，故人李輔之與同官權國器置酒歷下亭故基。此亭在府宅之後。自周齊以來有之。旁近有亭曰環波、鵲山、北渚、嵐漪、水香、水西、凝波、狎鷗；臺與橋同曰百花、芙蓉；堂曰靜化，軒曰名士。水西亭下，湖曰大明，其源出於舜泉，其大占府城三之一。秋荷方盛，紅綠如繡，令人渺然有吳兒洲渚之想。」（按：據王士禎《香祖筆記》云：「今水面亭、歷下亭皆在明湖之南。而湖北水關之西有小圃，傳為北渚亭故址，尚有古屋數椽，修竹數十竿。」故，元好問此處所記北渚亭在湖南，應為誤記。）

　　元好問來濟南時，距曾鞏只有七十年左右的時間，大明湖南岸一帶景物變化當不會太大。由此可知，這一帶有環波亭、鵲山亭、水西亭、水香亭等數座亭子，還有同名的百花臺和百花橋、芙蓉臺和芙蓉橋；曾鞏會客的名士軒、休憩的靜化堂都在這片區域內。曾鞏好友孔平仲曾在〈百花橋〉一

詩中描繪了這一帶花紅柳綠的美麗景色：「花滿紅橋外，尋芳未渡橋。春風相調引，已有異香飄。」

在這片風景如畫的州衙片區辦公、居住自然是一件非常開心的事兒。

曾鞏的郡齋名曰「名士軒」，取自唐代杜甫「海右此亭古，濟南名士多」詩句。據清代王士禛《香祖筆記》卷九記載：「濟南藩司署後臨明湖，西偏即《曾子固集》中所謂西湖也。曾守郡日，嘗作『名士軒』。軒今入署中，明時尚有古竹數竿，芍藥一叢，傳是宋故物。」據此可知，名士軒故址當在現珍珠泉大院內清巡撫大堂西北隅，今名「海棠園」內，園中仍有古老海棠樹一株，相傳為當年曾鞏手植。

古時大明湖湖域很大，且呈不規則形，唐時大明湖南端在今五龍潭一帶，到曾鞏來濟南做知州時，湖域已縮至今省政府大院及其西邊一帶，一直到王士禛撰述完《香祖筆記》時（康熙四十三年，即西元一七〇四年），這一帶仍是一片水域。所以，王士禛說，名士軒所在地「西偏」就是曾鞏所說的西湖。關於這一點，從歷下亭三次遷址也可以看出。杜甫所詠的歷下亭，原在大明湖西岸南端的淨池之上，而淨池，據元代地理學家于欽考證，「今名五龍潭」（《齊乘》）。曾鞏來濟南時，歷下亭已經遷至今大明湖南岸，「府城驛邸內歷山臺上，面山背湖，實為勝絕」（《齊乘》）。後

隨水面縮小，歷下亭也屢經興廢，但遺址尚存。明清時代，隨著始建於明洪武年間的濟南貢院不斷拓地，「嘉靖元年（西元一五二二年）重修至公堂……後號舍增至六千餘」，「雍正十年（西元一七三二年）增建至一萬（號舍）」（道光《濟南府志》），歷山臺和臺下的歷下亭故基逐步被拆除。康熙三十二年（西元一六九三年），時任山東按察使喻成龍和山東鹽運使李興祖又在大明湖中重建歷下亭，題名「古歷亭」，也即今日之歷下亭。

歷下亭

　　州衙內的名士軒「面山背湖」，淙淙泉水圍繞，環境自是一流。剛到濟南，曾鞏就倡導修建了這處郡樓。

> 滿眼青山更上樓，偶攜閒客此閒游。
> 飛花不盡隨風起，野水無邊帶雨流。
> 懷舊有情唯社燕，忘機相得更沙鷗。
> 黃金駟馬皆塵土，莫靳當歡酒百甌。

（〈郡樓〉）

　　曾鞏上任半年後，正值歲末年初，州衙按例封印休假。在名士軒內，曾鞏即興賦〈郡齋即事二首〉：

其一

> 畫戟森門寵謾蒙，從來田舍一衰翁。
> 囷倉穰穰逢康歲，閭里恂恂有古風。
> 睆氏宿奸投海外，伏生新學始山東。
> 依然自昔興王地，長在南陽佳氣中。

其二

> 滿軒山色長浮黛，繞舍泉聲不受塵。
> 四境帶牛無事日，兩衙封印自繇身。
> 白羊酒熟初看雪，黃杏花開欲探春。
> 總是濟南為郡樂，更將詩興屬何人。

　　離名士軒以西幾步之遙，便是曾鞏的書房，名叫「凝香齋」，也稱為「西齋」、「西軒」。曾鞏根據唐代詩人韋應物「兵衛森畫戟，燕寢凝清香」（意為：官邸門前畫戟林立兵衛森嚴，室內凝聚著為聚會而焚的清香。詩題為《郡齋雨中與諸文士燕集》）之句命名為「凝香齋」。曾鞏曾邀請好友孔平仲來齊州遊玩多日，在孔平仲眼中，凝香齋是這樣的：「新作朱門向水開，雖臨行路少塵埃。久藏勝境因人發，盡放青山入坐來。樹影轉檐棋未散，荷香飄枕夢初回。晚年事事皆疏懶，賴得閒官養不才。」（〈西軒〉）在泉水之畔，「雖臨行路少塵埃」的凝香齋裡，南望著「青山入坐來」，兩位知己好友閒暇弈棋，夜間枕著荷香同床而臥，難怪孔平仲要埋怨自己「晚年事事皆疏懶」，好在有曾鞏這位「閒官」養著自己呢！

　　曾鞏自己也曾以〈凝香齋〉為題，借景抒情，表達了他本人對西齋的傾心愛慕和對心曠神怡、悠然自得之清靜世界的嚮往：

> 每覺西齋景最幽，不知官是古諸侯。
> 一尊風月身無事，千里耕桑歲有秋。
> 雲水醒心鳴好鳥，玉沙清耳漱寒流。
> 沉煙細細臨黃卷，疑在香爐最上頭。

　　該詩首句點題，領起全詩，以下寫景抒情都圍繞這句展開。曾鞏在自己的書齋裡徜徉詩書之間，忘懷世情俗物，所以他每至凝香齋，都覺得這裡是最幽絕之處。「不知」是因為「景最幽」，俯仰其間，心神愉悅。「身無事」，不是不關心政務而醉心自然風物，而是因為齊州大治，民和年豐。「雲水」一聯，上句寫湖光，下句寫泉水：純淨的湖水白雲駐足，足以讓人心靈清醒明澈；泉底沙石如玉，在清寒泉流的衝擊下，水聲悅耳清幽。該聯鍊字精警，頗具匠心。「醒」、「鳴」、「清」、「漱」四個動詞使得本該幽靜的意境靈動起來，可謂聲、形、色兼備，景、情、理俱在，讓人頓生賞湖景、觀流泉的蓬勃雅興。尾聯歸結全詩，置身如此令人嚮往的境界潛心書海，其清幽意境和高雅情趣讓詩人懷疑自己是在廬山香爐峰的景物絕佳之處，愉悅之情，如超脫世外。

　　曾鞏的這首〈凝香齋〉詩以「幽」字作為詩眼。「幽」字總攬了凝香齋的景物特徵。其一，凝香齋地處珍珠泉畔的幽靜之處，實乃清幽之境界，曾鞏在此讀書吟詩，臨風玩月，樂而忘官。曾鞏身為知州，但見治內政通人和，民生無憂，才有閒情探幽覽勝。其次，湖水清幽，白雲駐足，飛鳥幽鳴，泉清見石，寒流激盪，好不讓人久迷長戀，可謂幽景寄幽情。其三，曾鞏公幹之餘，潛心書海，感到無異於置身

香爐峰巔，更顯得情趣高雅，心境清幽。一句話，全詩無不緊扣詩眼而展開了一幅靜中有動、動中有靜的畫卷。

曾鞏當年的書房便在珍珠泉畔

　　拿凝香齋與香爐峰相比，我想，曾鞏一定想到了家鄉江西。香爐峰，「在廬山西北，其峰尖圓，煙雲聚散，如博山香爐之狀」（樂史《太平寰宇記》）。寫香爐，曾鞏一定想到了早他幾百年的李白寫的那首〈望廬山瀑布〉：一座頂天立地的香爐，冉冉地升起團團白煙，縹緲於青山藍天之間，在紅彤彤的太陽照射下化成一片片紫色的雲霞。「日照香爐生紫煙」，不僅把廬山渲染得更美，而且富有浪漫主義色彩。家鄉的山山水水給了曾鞏靈感，李白的詩歌跟曾鞏產生了共鳴，同樣，大明湖畔的凝香齋也給了曾鞏創作的衝動。

否則，他怎能在離家鄉千里之外的濟南寫出「疑在香爐最上頭」的詩句來呢。

曾鞏常常沉溺於自己的書齋，有時甚至夜以繼日地埋頭於書山之中，困了就直接在凝香齋裡解衣而寐。前文所述，他在《雨後環波亭次韻四首·次李秀才得魚字韻》中就寫道：「從今撥置庭中事，最喜西軒睡枕書。」

不無遺憾的是，這處凝香齋此後再也未見有關文獻和志書著錄過，故而此齋圮於何時，也就無人知曉了。

州衙中有一處廳堂，庭前種植有數株芍藥，故而曾鞏將其命名為「芍藥廳」。芍藥是中國本土名花，古人將它和牡丹並稱為「花中雙絕」。芍藥還有一個別稱，為「婪尾春」。婪尾，按照唐人蘇鶚《蘇氏演義》卷下解釋：「今人以酒巡匝為婪尾」，也就是說喝酒時酒巡一圈至最後的那一杯。芍藥通常春末而綻，因有此稱。芍藥是草本花卉，每年農曆十月生芽，初春叢叢挺出，呈嫩紅色，煞是鮮豔。春末開花，有紫色、紅色、白色，以黃色最為名貴。芍藥之美好，不亞於牡丹，昔人稱之為「嬌客」。據傳，慶曆年間（西元一〇四一年至一〇四八年），北宋名臣韓琦以資政殿學士帥淮南時，有一天見後園中一株芍藥突然同時開花四朵，花瓣呈紅色，唯中間為一道金線。後來人們稱這種芍藥為「金纏腰」或「金帶圍」。韓琦高興之下，特地置辦宴會，邀

請了王安石、陳升之、王珪等人來賞花，飲酒賦詩中，每人
將花摘下一朵別在髮間。令人難以置信的是，後來這四人竟
都在三十年間陸續當上了北宋宰相，於是此後民間有了「牡
丹為花王，芍藥為花相」的說法。這段「四相簪花」的故事
記述在北宋沈括的《夢溪筆談·補筆談》卷三中。這段佳話
還見於宋人陳師道《後山叢談》、周煇《清波雜誌》、佚名
《墨客揮犀》和蘇象先《丞相魏公譚訓》等著作中。

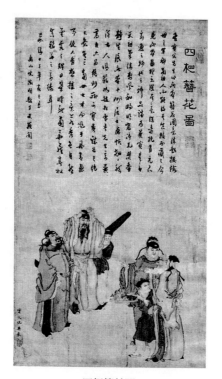

四相簪花圖

曾鞏將此廳以「芍藥」名之，足見他對芍藥也喜愛至深。芍藥廳前的芍藥，是曾鞏上任時由蘇南移栽而來。次年暮春四月，株株不同顏色的芍藥花應時而開，他看著一朵朵宛如多情的巫山神女的花，情趣油然而生，脫口吟出一首七律。詩中寫出了他坐在「瀟灑山城」濟南芍藥廳內，邊酌酒邊賞花的情形：

> 小碧闌干四月天，露紅煙紫不勝妍。
> 肯為雲住陽臺女，恐逐風飛石室仙。
> 洧外送歸情放蕩，省中番直勢拘攣。
> 何如瀟灑山城守，淺酌清吟濟水邊。

來濟南這座山城當官，竟是一件非常瀟灑的擔當，因為在這裡，可以觀賞露紅煙紫、爭芳鬥豔的芍藥花，在濟水之畔淺酌輕吟……愜意之情，難以言表。

靜化堂是曾鞏在衙內接待來客或退堂時休憩的處所。靜化的意思是：完全清除世俗之念，出自唐代詩人姚合〈送裴宰君〉詩：「還應施靜化，誰復與君同。」閒暇之時，曾鞏每每在這座飛簷翹角的廳堂內與來客一起宴飲，席間還常常撫琴娛樂。通往靜化堂要穿過一條被松竹掩映的小徑，曾鞏特別喜歡這幽靜清雅的環境：

修櫩巘巘背成陰，行盡松篁一徑深。

好鳥自飛還自下，白雲無事亦無心。

客來但飲平陽酒，衙退常攜靖節琴。

世路人情方擾擾，一遊須抵萬黃金。

「平陽酒」，指的是西漢曹參飲酒的故事。曹參是西漢開國功臣，被封為平陽侯，後繼蕭何為漢相。他執掌國政後，一切都按前任國相蕭何的成規行事，不做任何改變，卻常常日夜飲酒。有人來規勸他，結果他把規勸者也灌醉了。有時聽到鄰近吏舍飲酒喧譁，曹參也不予以制止，反而飲酒相唱和。他無為而治的執政理念，卻使得社會穩定，百姓得以休養生息，經濟得到發展。「靖節琴」也是一個典故：陶淵明不懂音律卻在案頭置放了一張無弦之琴，每逢飲酒聚會，便撫弄一番表達自己的情趣。因陶淵明世號「靖節先生」，故曰「靖節琴」。《宋書‧隱逸傳‧陶潛》記載了這一故事，云：「（陶）潛不解音聲，而蓄素琴一張，無弦，每有酒適，輒撫弄以寄其意。貴賤造之者，有酒輒設。潛若先醉，便語客：『我醉欲眠，卿可去。』其真率如此。」

善酒的人，大都性格率真。曹參這樣，陶淵明這樣，曾鞏也是這樣。

曾鞏官邸和住所牆外不遠處，有一處荷花簇擁、獨立水中的芙蓉臺，其位置大約在今芙蓉街北段一帶。芙蓉臺一帶

遊人很多，尤其是荷花盛開季節，遊客多在臺上一邊飲酒作樂，一邊賞荷，荷田裡採蓮的船娘還不時送來陣陣歌聲。此臺並非旱地上築土為方的土臺或石臺，而是在水中用四根粗柱撐起的帶有圍欄的木臺，遊人可乘坐扁舟登臺游賞。風靜的月夜遊芙蓉臺，水上荷花和倒映在清凌凌水中的荷影相映成趣，猶如置身仙境，饒有情趣。曾鞏時常在公幹之餘，脫下官服，換成便裝，穿著木屐，或一人或邀友來此遊玩：

> 芙蓉花開秋水冷，水面無風見花影。
> 飄香上下兩嬋娟，雲在巫江月在天。
> 清瀾素礫為庭戶，羽蓋霓裳不知數。
> 臺上遊人下流水，柱腳亭亭插花裡。
> 欄邊飲酒棹女歌，臺北臺南花正多。
> 莫笑來時常著屐，綠柳連牆使君宅。
>
> （〈芙蓉臺〉）

該詩描繪了曾鞏在荷花盛開的月夜到芙蓉臺上賞荷的情趣。詩的末句是說，不要笑我經常穿著木屐就來這裡，因為數株綠柳連牆處，就是我知州的住宅啊！曾鞏的好友孔平仲曾在曾鞏陪同下遊覽芙蓉臺，登臺後孔平仲頓覺濃濃的荷香從腳下蒸騰而起：「漾舟入芙蓉，花亂舟敧側。安穩此憑欄，清香生履舄（ㄒㄧ丶，木屐）。」（《曾子固令詠齊州景物作二十一詩以獻·芙蓉臺》）

現在，許多文章都說，芙蓉街一名來自街上的芙蓉泉，系街以泉名。而芙蓉泉一名最早出現在金代《名泉碑》上，泉又因何得名「芙蓉」，卻難以尋到出處。根據曾鞏詩中的描述，我老懷疑，北宋時期，今芙蓉街北段一帶也是一片荷田，湖內有一芙蓉臺。後來水面縮小，到金代時已漸成一池，泉因原有芙蓉臺而名「芙蓉泉」，後漸次形成街巷，沿襲芙蓉泉一名而稱之為「芙蓉街」的。明代詩人晏璧在永樂二年（西元一四〇四年）曾專門吟詩，對芙蓉泉周邊的景緻做了精彩描述，那時的芙蓉泉一帶依然是「鵲華紫翠削芙蓉，山下流泉石澗通。朵朵紅妝照清水，秋江寂寞起西風。」就是說，站在芙蓉泉畔，遠遠眺望鵲華二山，雖然鬱鬱蔥蔥，但相較此處豔麗多姿的荷花還是有些遜色。山下的流泉也和這裡的泉水一脈相通。朵朵荷花輝映在清澈平靜的泉水水面上，秋風吹起，碧荷微動，這幅畫面才不再清靜，有了動感。既然說「朵朵紅妝」，荷花肯定不少，荷花多，水域也斷不會很小。到了清代，芙蓉泉已經縮至半畝池塘，詩人董藝曾在芙蓉泉幾步之遙的芙蓉館寓居，他寫道：「老屋蒼苔半畝居，石槳浮動上游魚。一池新綠芙蓉水，矮幾花陰坐著書。」（〈芙蓉泉寓居〉）

芙蓉臺不遠處的岸畔上還有一處水香亭。水香亭，據《山東通志》云：「在歷下亭旁。今廢。」清代乾嘉年間，

江南文人沈三白曾來濟南遊歷，此後他在《浮生六記》中記道：「山東濟南府城內，西有大明湖，其中有歷下亭、水香亭諸勝。夏月柳陰濃處，菡萏香來，載酒泛舟，極有幽趣。余冬日往視，但見衰柳寒煙，一水茫茫而已。」沈三白文中提到水香亭在歷下亭旁，乾嘉年間，歷下亭已經移建大明湖中東南隅島上（今址），故此時的水香亭也當在今大明湖中，與明代《通志》所記載的水香亭在歷下亭旁非為一談。明代詩人王象春曾寫有一首〈水香亭〉詩，他在詩題中注曰：「亭乃唐杖殺李邕處也」，並在詩後注道：「（李）邕開元（西元七一三年至七四一年）中為淄川刺史，上計京師，圍觀如堵，竟被讒媚（陰謀中傷）不得留，出為北海太守。李林甫忌之，坐以罪，就郡杖殺之。杜甫為之賦〈八哀詩〉。濟中山水之表章（聲名顯揚）於世，白唐李邕始，唐人名盛而身窮者亦無如（李）邕。憶其當殺（李）邕時，趵突塞闕不流，華岫黯淡無色，直待二百餘年，晁（補之）、曾（鞏）繼至，始稍復明秀耳。」（《齊音》）

大明湖畔復建的水香亭

　　按王象春的說法，李林甫杖殺李邕的地方是濟南大明湖
的水香亭，其實誤矣！《唐書・李邕傳》記載，李邕在任北
海太守時，唐玄宗因李林甫誣陷李邕受賄，遣人「就郡杖殺
之」，則其杖死處不在濟南。杜甫的《八哀詩・贈祕書監江
夏李公邕》也說：「坡陀青州血，蕪沒汶陽瘞（一ˋ，埋
葬）。」這是說，李邕是血漬青州（北海郡治所在青州），客
葬在青州的汶陽（據《唐書》：「武德二年，北海郡置汶陽
縣」）。而且，水香亭之名，始見於曾鞏，唐時所未有。王
象春此詩所詠，有可能得自於當時濟南的傳說，未加詳考。

第十一章
心照神交 衣冠濟濟歸儒學

常言道，一個好漢三個幫。

曾鞏自年輕時就很重視朋友間的交誼。在濟南為官的兩年中，他與交好的朋友們，或歡聚暢談，推杯換盞；或書信往還，詩文唱和。由於曾鞏朋友圈在政治和文學上的同氣相求，所以圈內好友多有忘年之交。

前文提到的北宋名臣趙抃（字悅道），比曾鞏大十一歲。

趙抃

兩人的交往，始於杭州。熙寧三年（西元一〇七〇年）六月，趙抃徙知杭州時，正值久旱逢雨。曾鞏懷著喜悅之情，一口氣寫了兩首七絕，題曰〈餘杭久旱，趙悅道入境之夕四郊雨足二首〉，詩云：

其一

連章天上乞身閒，笑入吳船擁節還。

一夜風雷驅旱魃，始知霖雨出人間。

其二

旌旗東下路塵開，六月風雲席上次。

正恐一方人暍死，直將霖雨過江來。

　　此時，曾鞏正任越州通判，越、杭二州一江之隔，趙抃上任伊始，曾鞏便寫詩向他表達了嚮往欽慕之意。同年冬至，曾鞏又給趙抃寫了一篇賀詞，〈賀杭州趙資政冬狀〉。趙抃當時的貼職是資政殿學士，故以「趙資政」稱之。文中稱讚趙抃「受材閎廓，含德粹純，壯經國之大猷，濟格天之盛業」。可以看出，曾鞏與趙抃交往以後，愈加增進了對趙抃的仰慕與欽敬。

　　趙抃知杭州時間較短，僅有六個月。這年的十二月，趙抃受命改知青州。與趙抃交往不久的曾鞏，內心自然不免惜別惆悵，於是寫下了一篇長達兩百四十字的七言長律贈行，題曰〈送趙資政〉。詩中，曾鞏列敘趙抃經歷，對其品格、吏才、政績做了高度評價和讚揚。

　　事有湊巧，趙抃知青州後，曾鞏也由越州通判調任齊州知州。熙寧四年（西元一○七一年）六月十六曾鞏接任後不久，便與趙抃取得聯繫。此後，兩人常常書信往來。《永樂大典》殘卷錄有曾鞏在濟南寫的〈齊州答青州趙資政別紙啟〉。此啟為「答青州趙資政」，可見此前趙抃已有書信寄給曾鞏，可惜趙抃之信已無從窺見。曾鞏的信函不長，錄於下：

　　某駑鈍，見使治劇，非其克堪。固亦愚所未曉也。到郡之初，吏事紛紛，良亦可駭。然孤蒙之質，久仰吏師，竊其

緒餘輒自試。數日以來，頗覺簡靜。若遂或如此，實鄙劣之
幸也。更冀愛憐，時賜教誨。

　　曾鞏在啟中稱趙抃為「吏師」，並希望趙抃對自己「時
賜教誨」，這不是一般的客套之言。曾鞏由越州的副職，初
到濟南擔任「一把手」，自然要向有經驗者取經。正好趙抃
久歷州縣，經驗豐富，處事老到，兩人又有越、杭二州的交
往，曾鞏「到郡之初」，便「竊其（指趙抃）緒餘」來治理
郡政，並取得了明顯效果（自試數日以來，頗覺簡靜）。自
然而然，曾鞏對趙抃這位「吏師」的謙抑和敬重之情，是發
自內心的。

　　接到曾鞏的書啟後，趙抃很快回覆了曾鞏。於是曾鞏又
寫了一篇〈齊州答青州趙資政別紙啟〉，啟云：

　　某昏愚不肖，蒙處以煩劇，不敢辭難。勉強即事，大懼
不能免於悔咎，以為侍御者之辱。乃蒙以『政術嚴簡』見稱，
蓋治煩不可以不簡，不可以不嚴，而要其所趣，則未嘗不歸
於慈恕。此非某之所自得，向者竊窺浙西之治，殆出於此，
故心潛之日久矣。及施於此，果得安靜，則所竊者乃左右之
緒餘也，鄙劣何有焉。然今之為治者，非得久於其官而各行
其志也，故所為止於如此而已，豈有志者之所素學乎。伏唯
明公道德高深，而器業閎遠，蓋明於此說舊矣，故不待末學
之言。其他惓惓，非待坐不悉。某惶恐。

　　從曾鞏的回信可以看出，趙抃對自己的朋友治理濟南的業績還是比較滿意的，「政術簡嚴」是趙抃對曾鞏的讚許。而曾鞏的治齊心得，則歸功於向趙抃學習的結果。啟中提到的「浙西之治」，是指趙抃治杭之事。杭州在北宋時是浙江西路的首府，趙抃治杭雖然只有短短六個月時間，但他為政寬嚴相濟，政績十分顯著。

　　曾鞏覺得心裡有好多話要對趙抃傾訴，光書信往來都不足以表達，非坐下來面對面暢談才能足意（「其他惓惓，非待坐不悉」）。趙抃在青州則寫有兩絕，寄贈曾鞏，題曰〈寄酬齊州曾鞏學士二首〉（見本書《到郡一年：每來湖岸合流連》）。詩題曰「酬」，肯定是對曾鞏的和作。曾鞏的原作，《元豐類稿》裡已不存，無由得見。趙抃稱曾鞏為「學士」，這是因為曾鞏曾在考中進士後，於嘉祐六年（西元一○六一年）在老師歐陽脩的舉薦下，奉詔京城擔任集賢校理。洪邁《容齋隨筆》卷十六「館職名存」：「國朝館閣之選，皆天下英俊，然必試而後命。一經此職，遂為名流。其高者，曰集賢殿修撰、史館修撰、直龍圖閣、直昭文館、史館、集賢院、祕閣。次曰集賢、祕閣校理。官卑者，曰館閣校勘、史館檢討，均謂之館職。記注官缺，必於此取之，非經修注，未有直除知制誥者。官至員外郎則任子，中外皆稱為學士。」曾鞏在館閣任職期間，對大量館藏古籍進行

了校勘整理，才有了較為完備的《梁書》、《陳書》、《戰國策》、《說苑》、《新序》、《列女傳》、《禮閣新儀》、《唐令》、《南齊書》等典藏。宮中所藏《李白詩集》存詩有七百七十餘首，但經曾鞏蒐集整理得李白詩一千首。現今我們看到的許多李白詩，都得益於當年曾鞏辛勤蒐集和校勘。

熙寧五年（西元一〇七二年）閏七月，趙抃以資政殿大學士徙知成都途徑濟南，曾鞏對他盛情招待。臨行，曾鞏作了一首七律為他踐行。詩題〈送趙資政〉，詩云：

> 鎮撫西南眾望傾，玉書天上輒持衡。
> 春風不覺岷山遠，和氣還從錦水生。
> 學舍卻尋余教在，棠郊應喜舊陰成。
> 歸來促召調爐冶，莫為兒童竹馬迎。

曾鞏一直把趙抃當作摯友和榜樣，趙抃此一去，不知何時才能再相會，但曾鞏堅信，趙抃去鎮撫西南，是眾望所歸。詩中「岷山」、「錦水」皆為蜀中地名，「春風」、「和氣」皆以讚美趙抃的惠政。「余教」、「舊陰」是追述趙抃此前曾三度入蜀治蜀留下的舊惠，曾鞏用學舍余教、棠郊舊陰歌頌趙抃的治蜀之政。「兒童竹馬」系用典，騎「竹馬」本是男孩們玩的一種遊戲，《後漢書·郭伋傳》有一段竹馬郊迎的故事，描述了幾百個男孩同時騎竹馬的場景：郭伋任並州牧，素有美政，受到當地百姓的稱道，以至於「到西河

美稷，有童兒數百，各騎竹馬，道次迎拜」。後來，「竹馬郊迎」成為稱美地方長官的典故。曾鞏認為，此次入蜀的趙抃很快就會被召入朝內任相，不會再度入蜀，故曰「莫為兒童竹馬迎」。

　　在濟南期間，和曾鞏交好的摯友還有史稱「清江三孔」的三兄弟。「清江三孔」是指北宋臨江軍新淦縣（今江西新干縣）孔文仲、孔武仲、孔平仲兄弟三人，三人皆以文聲起於江西，名噪當時，又於仁宗嘉祐年間連科登進士第，享譽當時的政壇，時號「三孔」，《宋史》卷三百四十四皆有傳。

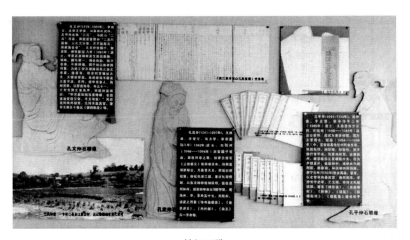

清江三孔

　　「三孔」中的老二孔武仲（西元一〇四二年至一〇九八年）比曾鞏小二十三歲，老三孔平仲（西元一〇四四年至一一〇二年）比曾鞏小二十五歲，兄弟倆可謂曾鞏的忘年之交。

　　熙寧四年（西元一○七一年），時年三十歲的孔武仲由谷城主簿改任齊州教授。這年中秋節過後，孔武仲即辭別了家人，渡江北上，奔赴齊州，並於當年冬初到達濟南，與時任齊州知州的曾鞏相會於濟南。在此後一年半多的時間內，孔武仲與曾鞏在濟南時常結伴遊覽，過從甚密，唱和之作亦甚多。

　　曾鞏《元豐類稿》卷六中的〈和孔教授〉一詩云：

治煩方喜眾材同，坐嘯南陽郡閣中。
几案有塵書檄簡，里閭無事稻粱豐。
衣冠濟濟歸儒學，俎豆詵詵得古風。
幸屈異能來助我，敢將顏色在鶤鴻。

　　又有〈雪後同徐祕丞、皇甫節推、孔教授北園晚步〉詩：

沙草正黃瀕海意，江梅還白故園情。
循除遠水春前急，繞郭空山雪後明。
林影易斜寒日短，角聲吹去暮雲平。
最慚佳客忘形契，肯伴衰翁著屐行。

　　同書卷七中的〈孔教授、張法曹以曾論薦特示長籤〉：

綠髮朱顏兩少年，出倫清譽每相先。
壁中字為時人考，圯上書從老父傳。
泮水笑談邀法飲，高齋閒燕屬佳篇。
衰翁厚幸懷雙璧，更起狂心慕薦賢。

　　以上均是記述二人在濟期間交遊的詩作。元豐六年（西元一〇八三年）四月，曾鞏去世於江寧，孔武仲曾作〈祭曾子固文〉（見《清江三孔集》卷十九），其中亦有語憶及他們二人在濟南的這段交遊經歷，並表達了對曾鞏的感激之情：「我少方蒙，公發其源。長仕岱陰，從以周旋。決疑辨惑，一語不捐。或鉤其細，毫積絲聯；或究其大，苞方括圓。面獎所是，奪其不然。粗若有之，公賜多焉。」其沉痛淒惻，感懷悲愴之意溢於言表。

　　未到濟南前，「三孔」中的老三孔平仲，聽哥哥介紹後早已對濟南心嚮往之。應曾鞏和哥哥之邀，熙寧六年（西元一〇七三年）三月，他從密州出發，經過青州到了濟南。途中，他寫下了〈以事往齊州，初發密〉、〈折柳亭〉、〈將至青州〉、〈青州席上〉、〈青州作〉、〈馬上小睡〉、〈王舍人莊〉等詩，記其行程以及來濟的迫切心情。

　　到了濟南後，孔平仲見到了哥哥孔武仲和他的好友曾鞏。曾鞏初見孔平仲，馬上喜歡上了這位青年才俊，並把他安排在衙署中暫住。孔平仲早聞曾鞏大名，見到曾鞏這位前輩級的大佬頗為興奮，作〈上曾子固〉記錄了相見時的情形及相識相交的喜悅之情。詩云：「海邦窮僻想知音，匹馬春風入岱陰。千里山川忘道遠，一門兄弟辱恩深。發揚底滯先生德，振拔崎嶇長者心。更以詩篇壯行色，東歸勝挾萬黃金。」（《清江三孔集》卷二十四）

　　此後，孔平仲在曾鞏和孔武仲的陪同下遊覽了濟南的湖泉亭榭，並在曾鞏的要求下作了一組題詠當時濟南風物的詩──〈曾子固令詠齊州景物，作二十一詩以獻〉（見《清江三孔集》卷二十一）。這組詩共有二十一首，是當時與曾鞏的唱和之作。組詩以清新曉暢的語言，給我們描繪出當時齊州一些名勝風物的倩影，一些詩作還給我們提供了一些方志文獻中所不曾記載過的訊息，具有極其難得的史料價值。由此也可以看出，曾鞏與孔平仲一見如故的情誼之切（參見本書「築堤架橋：試看何似武陵遊」章節）。

　　由於這組詩在濟南地方志和其他典籍中多著錄不全或失載，特依《清江三孔集》卷二十一為本，將這二十一首詩抄錄於下，以饗讀者諸君。

閱武堂

　　開拓乾坤遠，歡娛歲序深。

　　堂前猶閱武，自是太平心。

閱武堂下新渠

　　東來細溜長，西去餘波漲。

　　能收四海心，樂此一渠上。

凝香齋

東郡經年久，西齋一事無。
蕭然靜相對，唯有博山爐。

芍藥廳

芍藥花初發，牽公詩思濃。
露紅煙紫句，全勝綠盤龍。

仁風廳

太守政何如，茲焉名可見。
齊州一萬家，揮以袁宏扇。

竹齋

淅淅風敲韻，亭亭日轉陰。
公應喜來此，相得歲寒心。

水香亭

龍頭落潺湲，雁齒駕清淺。
夜闌氣益佳，雨霽香尤遠。

采香亭

> 芙蓉近可攀，香草供幽賦。
> 公才如命騷，此是冥搜處。

靜化堂

> 四境靜山川，一枕閒風月。
> 野水抱城幽，青天垂木末。

鵲山亭

> 老杜詩猶在，重華事已無。
> 千秋陵谷變，塵起鵲山湖。

芙蓉橋

> 出城跨岩嶤，驚目見花豔。
> 飛蓋每來游，佳境此其漸。

芙蓉臺

> 漾舟入芙蓉，花亂舟敧側。
> 安穩此憑欄，清香生屨舄。

環波亭

瀟灑塵埃外，崔嵬清淺中。
四軒春水闊，兩岸畫橋通。

水西橋

景物此清淡，幽亭獨細論。
恐人容易過，常鎖水西門。

水西亭

河流春已深，野色晚更靜。
生計慕園畦，歸心付漁艇。

西湖

芙蕖十頃闊，藻荇一篙深。
晚日江鄉景，秋風澤國心。

百花橋

花滿紅橋外，尋芳未渡橋。
春風相調引，已有異香飄。

北湖

> 塵汙遠已留,滌淨此不雜。
> 僻招水鳥棲,清數游魚戲。

百花臺

> 南瞻復北顧,春水綠漫漫。
> 此地尋花柳,全勝別處看。

百花堤

> 花髮紅雲合,公來醉玉頹。
> 傍城行怯遠,卻泛小舟回。

北渚亭

> 高深極前臨,蒼莽接回眺。
> 齊州景物多,於此領其要。

濟南好,能不憶濟南?

孔平仲離開濟南後,多次回憶起這次和曾鞏及哥哥相聚於齊州,攜手共賞濟南美景的歡愉時光:「濟南風物稱閒官,兄弟偕遊意益歡。幽圃水聲從地湧,畫橋山色逼人寒。別來夢想猶相接,他處塵埃不足觀。寂寞東齋又經夏,落花新葉共誰看。」(〈和常父見寄〉)「秋風又搖落,歷下意何如?學館人歸後,山城月上初。東西各引領,咫尺但通書。

難共重陽醉，黃花日向疏。」（〈寄常父〉）

曾鞏的朋友圈裡人很多。年輕者多，年長者也不少。

譬如范仲淹，足足長曾鞏三十歲。范仲淹一直想將曾鞏納於門下，曾鞏稱讚范仲淹是「大賢德」。范仲淹不計地域遠近、年齡長幼，經常給曾鞏寫信勉勵、贈送物品。

又如梅堯臣，長曾鞏十七歲。兩人初次相識，梅堯臣便寫〈逢曾子固〉稱讚曾鞏：「昔始知子文，今始識子面。吐辭亦何嚴，白晝忽飛霰。」後來，梅堯臣還邀請曾鞏到梅家堂前觀賞石榴，並多次寫詩褒獎曾鞏。

再如王安石，比曾鞏小兩歲。在眾友之中，曾鞏與王安石之交可謂深矣。他倆既有地緣關係，又有親緣關係。後來王安石當了宰相，兩人雖因政見不合關係一度疏遠，但兩人至老之時，交往又漸增多。後曾鞏染疫江寧，王安石也多有探視。兩人終於在人生的盡頭握手言和。

再譬如蘇軾，晚生於曾鞏十八年。兩人師出同門，同年進士及第，同為文學高手，交誼最深。曾鞏病逝後，京城坊間竟然流傳曾鞏與蘇軾同日去世的小道消息，還引得神宗皇帝親自過問並「有嘆息語」。其時，蘇軾正因反對變法被貶在黃州，他聽說這件事後，將其記錄在他的《東坡手澤》（亦稱《東坡志林》）一書「異事·東坡升仙」一節中。由此可見，二人關係之密切，坊間也是眾所周知的。

范仲淹

王安石

梅堯臣

蘇軾

　　曾鞏一生還培養了許多大儒。除前文提到的陳師道外，還有王無咎和他的弟弟曾肇、曾布等都曾受教於他。王無咎，一生好學不倦，頗有文名，曾任國子監直講，著有《王直講集》。曾鞏有〈王無咎字序〉，王無咎向曾鞏請求取個字，曾鞏為他取字「補之」：「取《易》所謂無咎者，善補過也，為之字曰補之，夫勉焉。」曾鞏將自己的二妹嫁給

他，二妹去世後，又將七妹嫁給他。曾肇，曾鞏的幼弟，治平四年（西元一〇六七年）進士，時年二十歲。他長期在朝中為官，歷經英宗、神宗、哲宗、徽宗四朝，在十四州府任職，擔任過吏、戶、刑、禮四部侍郎，兩度為中書舍人，死後諡號「文昭」。曾布，是曾鞏同父異母的弟弟，史載，曾布「年十三而孤，學於兄鞏」。他二十三歲與曾鞏等同登進士。在隨後五十年政治生涯中時起時落，曾布既曾居廟堂之高，也曾隱鄉野僻壤，七十三歲去世。

曾鞏的朋友圈很大，因本書的主題是講「濟南故事」，故只能擇其要而簡述之。

真名士自風流。

曾鞏和他的朋友們，哪個不是個頂個的真名士？哪個不是他的知音？

知音難覓，覓到就會特別珍惜。

第十二章
民懷其德 有情千里不相忘

曾鞏來濟南當父母官，可謂濟南之大幸。

宋熙寧六年（西元一○七三年）六月的一天，也就是曾鞏在濟南待了整整兩年之時，曾鞏最擔心的事還是發生了。卸任一年前，曾鞏就擔心：「只恐再期官滿去，每來湖岸合流連」，表達了他不想離開濟南的心情。

這天，朝廷下令：曾鞏徙知襄州。

曾鞏要調走的消息很快就在濟南老百姓中傳開。兩年的時間雖然不太長，但曾鞏踏踏實實地為濟南百姓做了不少實事、大事，老百姓都看在眼裡，記在心上。百姓早已把父母官曾鞏視為自己的親人，捨不得他走啊！

曾鞏聽說了百姓挽留自己的事情，心存感激。對於深深愛著濟南的曾鞏又何嘗願意離開濟南呢？但是，朝廷的命令是不可違抗的。陰曆的六月，正值盛夏，整個濟南城卻萬人空巷。濟南人民不顧酷熱高溫，把州衙圍得水洩不通，人們試圖用這種方法，攔住曾鞏的去路。人們還把所有的城門關閉，把吊橋拉起，不讓他離去。

「既罷，州人絕橋閉門遮留，夜乘間乃得去。」（《元豐類稿・行狀》）白天無法脫身，朝廷之命又不可違，曾鞏只好帶著隨從乘夜間出城而去。

曾鞏趁夜間離開濟南

　　曾鞏戀戀不捨、一步三回頭地走了。

　　離濟途中，曾鞏寫下〈離齊州後五首〉，表達了他對濟南山水風物的依依不捨、留戀眷顧之情：

> 雲帆十幅順風行，臥聽隨船白浪聲。
> 好在西湖波上月，酒醒還到紙窗明。
> 畫船終日扒沙行，已去齊州一月程。
> 千里相隨是明月，水西亭上一般明。
> 文犀剗剗穿林筍，翠靨田田出水荷。
> 正是西亭銷暑日，卻將離恨寄煙波。
> 將家須向習池游，難放西湖十頃秋。
> 從此七橋風與月，夢魂長到木蘭舟。

荷氣夜涼生枕席，水聲秋醉入簾幃。

一帆千里空回首，寂寞船窗只自知。

五首詩中，第一、第二、第五首寫得簡潔明了，淋漓盡致地表達了曾鞏離開濟南依依不捨之情。第三首說，大明湖尖尖的竹筍如同帶紋的犀角，荷花那嬌嫩的圓臉浮在水面之上。這樣的日子本應在大明湖亭閣消夏，我卻將滿懷離恨寄託於煙水之間而匆匆離去。第四首言：我須攜家遷往襄州（習池在襄州），可是腦海中難以放下大明湖那一派秋光。從此，大明湖畔七橋風月的美景，只能在夢寐中划著木蘭舟去追尋。可見，曾鞏對濟南真是一往情深，殊難割捨。

即使到了襄州赴任後，緊張的工作之餘，他仍然對濟南魂牽夢縈、念念不忘，飽含深情地寫下了「誰對七橋今夜月，有情千里不相忘」（〈寄齊州同官〉）的詩句。

一次心動，一生心動。這就是在濟南為官的曾鞏。

當然，濟南人是講情義的，濟南人更沒有忘記曾鞏。

早在明初正統年間，人們就自發地在千佛山半山腰修建了曾公廟，廟中祭祀曾公像。據明劉敕《歷乘・卷五・寺觀》記載：「曾鞏廟，千佛山半崖。知齊州事，到處有題詠，多善政，民懷其德，故作廟。」清代道光年間詩人范坰在〈曾公祠〉詩注中記述道：「南豐去齊後，民懷其德，於千佛山半崖肖像祀之，有正統間（西元一四三六年至一四四九年）

碑記。見《舊志》。今碑不復見，而土人誤指為秦瓊廟。」因此，范坰在詩中寫道：「佛山山半肖南豐，遺愛千秋香瓣通。正統殘碑無處覓，遊人到此拜胡公。」由於「正統殘碑無處覓」，故而遊人便把曾鞏廟誤認為是「秦瓊廟」，到此祭拜的是胡國公了。一九五〇年代，人們在曾鞏廟廢墟上新建唐槐亭一座，這已是後話了。

後來，人們又在大明湖東北岸修建了南豐祠。南豐祠始建年代無考，清道光九年（西元一八二九年），由曾任歷城知縣的曾鞏江西南豐老鄉湯世培捐資重建。山東布政使劉斯湄撰寫碑記稱：「經升任歷城縣知縣、現任武定府知府湯世培，因文定公舊有專祠，傾廢已久，追念桑梓，捐廉建設於晏公臺旁，建屋三楹，立位供奉，並以文定公舊時治績，實系保本安民，能御大災大患，未便湮沒，詳請具題專祠致祭，以彰德化。」劉斯湄這位山東行政長官還規定，除民間依照舊制祭祀外，由官府於每年春秋二季撥付公帑進行官祭：「既經湯守捐廉建祠，恐致日久傾圮，係為保護名宦賢良起見，除名宦祠內照舊致祭外，應請於每年春秋二祭之期，派委府學教官前往曾文定公祠，一體致祭。所需祭品銀兩，請於藩庫報院，每年動支銀四兩，自道光十年為始，分春秋二季給發。」「後有損毀，地方官捐廉修葺，以垂久遠。」

南豐祠

　　南豐祠正式建成後，〈道光十年曾公專祠石刻〉（見道
光《濟南金石志》）還較為詳實地記載了曾鞏修建北水門的
事蹟：「（曾鞏）在任時，因濟南城內出泉甚多，水無去路，
屢為民修築堤堰於北城，疏鑿北門，並壘石為崖，挑濬深
通，使水從北門宣泄。又設門為扃，視高下，因時啟閉，宣
泄有節，並建匯波橋，以濟往來行人，使無阻礙。至今賴以
安，永除水患。」另據一九一四年出版的《濟南指南》一書
記載：南豐祠在「北門裡大明湖濱，內有祠堂三楹，祀宋曾
公鞏。又有東廳三間，向歸江西人經理。」濟南當地百姓依
時供奉、祭祀和憑弔，清人沈淮〈湯植齋世培明府招飲曾南
豐祠〉詩中「風雨三間屋，文章一瓣香」，描述的就是當年

曾公祠的情景。

　　民國五年（西元一九一六年），江西南昌人蔡儒楷在任山東巡按使期間，見南豐祠階毀垣壞，並被兵營所借，遂召集在魯的江西同鄉捐私錢加以修繕，於當年六月完工。蔡儒楷撰書〈重修南豐先生祠堂記〉。蔡儒楷還曾任北洋大學（今天津大學）校長、北洋政府教育總長，是當代文藝名家英若誠的外祖父。一九三二年冬，時人李子全作〈游曾南豐先生祠記〉，其中寫道：「門額書『曾南豐先生祠』。院內，有西廂南舍，為看祠者居所。北有祠堂三楹，內設神閣，閣內立曾公牌位。閣前案上，僅列爐燭，別無陳物。」李還寫道，湖水自南向北穿院而過，上架木橋，由橋可達祠東一座四面環水繞荷的亭子。此記所述門額及祠堂房屋格局，應是一九一六年重修時所為。

　　一九九四年七月，大明湖畔的南豐祠重修以後對外開放，曾鞏故鄉江西南豐縣為南豐祠捐獻曾鞏木雕像一尊，雕像是用生長在南豐的一棵千年古香樟木雕刻而成，使得整個南豐祠更加熠熠生輝。堂內陳列著各種版本的曾鞏著作、評介文章以及讚頌曾鞏的書畫作品。

　　南豐祠建築現為清靜優雅的古典式庭院，由大殿、戲廳、水榭、遊廊等建築構成。大殿抱柱上懸有楹聯「北宋一燈傳作者，南豐兩字屬先生」，對聯的意思是，北宋曾鞏文

章的法則像一盞明燈，將光明傳播給後世尊崇它學習它的讀
書作文之人。整個南豐祠建築古樸典雅，院內修竹青翠，樹
木繁茂，湖面蒲葦荷蓮，景色優雅宜人。

　　二〇一九年，濟南天下第一泉風景區管委會又將大明湖
北水門之上的匯波樓改造為曾鞏紀念館。紀念館分上下兩
層，館內珍藏反映曾鞏在齊州的文學成就、城市建設方面的
文史資料，以及曾鞏至親好友或與曾鞏有關的各類書籍、文
獻、影音資料等。二〇一九年九月十日，恰逢曾鞏誕辰一千
年之際，曾鞏紀念館正式對遊客免費開放。

　　兩年惠政，濟南人一記就是上千年！

第十三章
文名延誉 水之江漢星之斗

　　元豐六年（西元一〇八三年），離開濟南十年後，曾鞏
身染重病，其間王安石多次前往曾鞏寓所探望老友。曾鞏和
王安石是莫逆之交。雖然中間有段時間，由於兩人對變法有
不同見解，使兩人的友誼一度蒙上陰影，但是，他們在內心
裡卻一直保持著對對方的好感和關心。

　　這年四月十一日，曾鞏病逝於江寧府（今江蘇南京），
終年六十五歲。他去世前六個月，其繼母朱氏剛剛撒手人寰。

　　對於曾鞏的去世，遠近百姓無不嘆息，賢達名流皆表哀
悼。他的弟弟曾肇親自撰寫了〈行狀〉。曾肇寫道：「嗚呼！
天奪吾母，不數月又奪吾兄，何降禍之酷至於斯極也！」其
哀痛之情，令人撕心裂肺。

　　一顆巨星隕落，惋惜之餘，人們對他的一生給予極高
評價。中書舍人林希作〈墓誌銘〉，太子少傅韓維作〈神道
碑〉。秦觀、蘇轍等都寫了哀辭。陳師道〈輓詞〉云：「早
棄人間事，真從地下遊。丘原無起日，江漢有東流。身世
從違裡，功名取次休。不應須禮樂，始作後程仇。」蘇轍的
哀辭云：「少年漂泊馬光祿，末路騫騰朱會稽。儒術遠追齊
稷下，文詞近比漢京西。平生碑版無容繼，此日銘詩誰為
題？試數盧陵門下士，十年零落曉星低。」宋僧道潛（別號
參寥子）哀辭云：「命世高標見實難，狂瀾既倒賴公還。學
窮遊夏淵源際，文列班楊伯仲間。落落聲塵隨逝水，滔滔論

著在名山。淒涼四海門人淚，想對秋風為一瀾。」詩中對曾鞏的評價極高，說他的學問和文章與漢代的班固、楊雄不相上下。

曾鞏的學生陳師道為紀念恩師，還寫了兩首〈妾薄命〉：

> 主家十二樓，一身當三千。
> 古來妾薄命，事主不盡年。
> 起舞為主壽，相送南陽阡。
> 忍著主衣裳，為人作春妍。
> 有聲當徹天，有淚當徹泉。
> 死者恐無知，妾身長自憐。
> 葉落風不起，山空花自紅。
> 捐世不待老，惠妾無其終。
> 一死尚可忍，百歲何當窮。
> 天地豈不寬，妾身自不容。
> 死者如有知，殺身以相從。
> 向來歌舞地，夜雨鳴寒蛩。

（《後山詩集》）

〈妾薄命〉兩首下有作者自註：「為曾南豐作。」陳師道把曾鞏比作自家主人，把自己比作主人的妾，對於曾鞏的去世表示了極大的傷心和悲痛。第一首從正面寫對夫主逝去的哀傷，以忠貞自矢，表示絕不再事他人。起二句寫自己得

到夫主無比的寵愛，平平敘來，言簡
意賅。「主家十二樓」句，化用鮑照
〈代陳思王京洛篇〉「鳳樓十二重，
四戶八綺窗」句；「一身當三千」
句，化用白居易〈長恨歌〉「後宮佳
麗三千人，三千寵愛在一身」句。次
二句由極滿意處一下跌入極不滿意，
說繁華雖久，寵愛不長，倏忽之間，

陳師道

夫主撒手西歸，點題「妾薄命」。「不盡年」三字是詩中主
腦，一切悲苦都由此產生，以下的傷感也圍繞這三字傾吐。
「起舞為主壽，相送南陽阡」總括以上四句。「起舞」句承起
首二句，寫繁華時節；「相送」句承次二句，寫夫主去世。
這樣並列，突出歡樂未盡而哀苦頓生，加深了女子的悲戚。
「忍著主衣裳，為人作春妍」，表示夫主去世後的感慨。表
白自己貞心如鐵，不再為他人強顏歡笑，更顯得痛苦。後四
句，直抒胸臆，說自己對主人一往情深，呼天搶地，哀哀欲
絕。四句一氣相貫，悲傷之情，難以名狀。第二首是組詩第
一首的主題延伸，表達了殺身相從的意願，二首一氣貫注。
故范大士《歷代詩發》評價說：「琵琶不可別抱，而天地不
可容身，雖欲不死何為？二詩脈理相承，最為融洽。」

　　陳師道的詩最突出之處在於用比興象徵的手法，以男女

之情寫師生之誼，別具風範。這種手法可追溯到《詩經》中的比興，《楚辭》中的美人香草。這在古典詩詞中是屢見不鮮的，因為男女之情最易感人。正如明人郝敬所說：「情慾莫甚於男女……聲音發於男女者易感。故凡托興男女者，和動之音，性情之始，非盡男女之事也。」（陸以謙〈詞林紀事序〉引）

「向來一瓣香，敬為曾南豐。」（陳師道《觀兗文忠公家六一堂圖書》）作為學生，陳師道對先生曾鞏的尊崇敬仰之情可見一斑。

「曾子文章眾無有，水之江漢星之斗。」（王安石〈贈曾子固〉）

王安石對曾鞏的評價

　　曾鞏是一位傑出的政治家，更是一位傑出的文學家。他一生寫了大量的文學作品，包括散文和詩歌。僅《元豐類稿》五十卷中，就收有序、書、記、論等各類散文一百零六篇，詩歌四百餘首。綜觀其詩文，最大特點是明道、古雅、平正、沖和。從文學史角度來看，中國唐宋散文，上承先秦漢魏六朝，下啟元明清三代，是中國散文發展史上極為重要的一個階段。其間，名家輩出，各具特色，文體大備，豐富多彩，多有傳世名作，震古爍今。南宋朱熹的評論和呂祖謙、真德秀等人的選本已經非常關注唐宋散文。在此基礎上，元至元二十四年（西元一二八七年），元代文論家吳澄在〈別趙子昂序〉中首先提出「唐宋七子」說，稱「今西漢之文最近古，歷八代浸敝，得唐韓、柳氏而古；至五代復敝，得宋歐陽氏而古；嗣歐而興，唯王、曾、二蘇焉。卓卓之七子者，於聖賢之道未知其何如，然皆不為氣所變化者也。」（《全元文》第十四冊）在這裡，吳澄第一次將韓愈、柳宗元、歐陽脩、王安石、曾鞏、蘇洵、蘇軾並稱為「唐宋七子」，比後來的「唐宋八大家」只少蘇轍。至順二年（西元一三三一年），吳澄在《題何太虛文集後》中，再次對「唐宋七子」加以推崇：「唐宋盛時，號為追蹤先漢，而僅韓、柳、歐陽、曾、王、二蘇七人焉。」（《全元文》第十五冊）

　　吳澄「唐宋七子」的提法，是「唐宋八大家」這一唐宋古文代表作家整體概念形成的關鍵環節。後來，吳澄在〈送虞叔常北上序〉中又說：「東漢至於中唐六百餘年，日以衰敝。韓、柳二氏者出，而文始革。季唐至於中宋二百餘年，又日以衰敝。歐陽、王、曾三氏者出。而文始復。噫！何其難也。同時，眉山乃有三蘇氏者，萃於一家。噫！何其盛也。」他又指出，「子由之文如子瞻，而名可與兄齊者也。」（《全宋文》第十四冊）走筆至此，點出「三蘇」，「唐宋八大家」已呼之欲出。

　　「七子」也好，「八家」也好，曾鞏大名始終列於其中。這對於曾鞏文學地位的提升，頗具開拓之功。

　　到了明初，時人朱右（一作朱佑）在《白雲稿》卷三〈新編六先生文集序〉開篇記道：「鄒陽子右編《六先生文集》，總一十六卷。唐韓昌黎文三卷六十一篇，柳河東文二卷四十三篇，宋歐陽子文二卷五十五篇，見五代史者不與，曾南豐文三卷六十四篇，王荊公文三卷四十篇，三蘇文三卷五十七篇。」朱右將「三蘇」視若一家，故稱為《六先生文集》，而《四庫全書總目提要》稱之為《八先生文集》，個中原因恐係《新編六先生文集》已佚，四庫館臣未加詳考遂分「三蘇」為「三家」所致。

　　後來，明代唐順之又有《文編》一書，選錄唐宋散文作

品，除韓、柳、歐、王、「三蘇」和曾八人外，它無所取。
明朝中葉嘉靖年間，古文家茅坤在前人基礎上加以整理和取
捨，「三蘇」雖係父子兄弟，但仍將「三蘇」列為三家，編
成《唐宋八大家文鈔》行世，文鈔共選韓愈文十六卷、柳宗
元文十卷、歐陽脩文三十二卷（附《五代史鈔》二十卷）、
王安石文十六卷、曾鞏文十卷、蘇洵文十卷、蘇軾文二十八
卷、蘇轍文二十卷卷，共一百六十四卷。

　　自此，「唐宋八大家」之名由此誕生。

唐宋八大家

　　清代康熙年間，著名學者張伯行重新選編《唐宋八大家
文鈔》，所選文章共三百一十六篇，其中韓愈六十篇，柳宗
元十八篇，歐陽脩三十八篇，蘇洵兩篇，蘇軾二十六篇，蘇

轍二十七篇，曾鞏一百二十八篇，王安石十七篇。曾鞏文章的數量遠遠超過其他七人，是韓愈文的兩倍多，是「三蘇」合起來之文的兩倍多，獨居榜首。宋代著名理學家朱熹亦曾讚嘆道：「予讀曾氏書，未嘗不掩卷廢書而嘆，何世之知公淺也。蓋公之文高矣！自孟、韓以來，作者之盛，未有至於斯。其所以重於世者，豈苟雲哉！」（見〈曾南豐年譜序〉）

曾鞏被譽為「唐宋八大家」，實至名歸，當之無愧！

最後，不妨再講一段曾鞏填詞的逸聞。

詞是宋代盛行的一種文學體裁，與曾鞏同時代的歐陽脩、王安石、蘇軾、蘇轍，都有詞作傳世。他們的快人小曲，或淺斟低唱，或響遏行雲，或婉轉輕柔，或黃鐘大呂，無不勾人心弦、動人心魄。然而，詩文大家曾鞏究竟是否曾填詞度曲，卻成了千古謎團。

其實，據記載，曾鞏是度過曲填過詞的，而且一寫就成了「絕唱」。清《欽定詞譜》卷三十三記載，南宋黃大輿所輯的《梅苑》一書中，就收錄了曾鞏的一首詞。這首詞的詞牌叫「賞南枝」。

詞曰：「暮冬天地閉，正柔木凍折，瑞雪飄飛。對景見南山，嶺梅露、幾點清雅容姿。丹染萼、玉綴枝。又豈是、一陽有私？大抵化工獨許，使占卻先時。霜威莫苦凌持。此花根性，想群卉爭知。貴用在和羹，三春裡、不管綠是紅

非。攀賞處、宜酒卮（ㄓ，古時盛酒器皿）。醉捻嗅、幽香更奇。倚闌仗何人去，囑羌管休吹。」

　　詞牌名中的「南枝」，指的是梅枝。「賞南枝」意即觀賞梅嶺的梅枝。另據《欽定詞譜》記道：「此調只有此詞，無他首可校。」說明曾鞏之後，宋元明清各代再無人用此調進行過創作。

　　《欽定詞譜》還云：「賞南枝」是一闋「曾鞏自度曲」。自度曲，也稱自制曲，按漢代應劭「自隱度作新曲，因持新曲以為歌詩聲也」的說法，是指在舊詞調之外自己新創作的詞調。宋代有不少文人，都精通音樂，他們自己作詞，也能自行譜曲，故詞集中常有「自度曲」一說。曾鞏這首「賞南枝」自度曲，係雙調，共一百零五字，上片五十二字九句五平韻，下片五十三字九句六平韻。

　　由此可見，曾鞏不僅文名詩聲名噪天下，而且精通音律，自制新曲，說他「粲然自名其家者，南豐曾氏也」（明代「嘉靖八才子」之首王慎中語），誠不為虛語哉！「賞南枝」不傳，歷史上有人把它歸於「嘔啞嘲哳（形容聲音嘶啞粗澀）難為聽」（見白居易〈琵琶行〉）之類的粗歌野調，這未免受有些學者的曾氏「短於韻語」偏頗評價影響，更多是些「妖魔化」。實際上，結合曾鞏詞中寓情於景、情景交融的細膩表達手法，我想，或因「曲高和寡」之緣故，自他

身後竟無一人再用「賞南枝」詞牌填詞（現代詞家不論），
也不是沒有可能的。

　　一代醇儒，雖然早已隕落在歷史的星空下，但他的文字
卻在中國文學史上永遠熠熠生輝。

　　泉城人民永遠記得，近千年前，濟南來了一位「八大
家」主政 —— 他就是曾鞏曾南豐先生！

　　曾鞏，永遠是濟南和濟南人刻骨銘心的記憶，曾鞏在濟
南的故事會世世代代傳下去，講下去……

　　曾鞏，國之楷模，文之大家，民之福祉，濟之大幸！

一代醇儒曾鞏

附錄

曾鞏傳

曾鞏,字子固,建昌南豐人。生而警敏,讀書數百言,脫口輒誦。年十二,試作〈六論〉,援筆而成,辭甚偉。甫冠,名聞四方。歐陽脩見其文,奇之。

中嘉祐二年進士第。調太平州司法參軍,召編校史館書籍,遷館閣校勘、集賢校理,為實錄檢討官。出通判越州,州舊取酒場錢給募牙前,錢不足,賦諸鄉戶,期七年止;期盡,募者志於多入,猶責賦如初。鞏訪得其狀,立罷之。歲饑,度常平不足贍,而田野之民,不能皆至城邑。諭告屬縣,諷富人自實粟,總十五萬石,視常平價稍增以予民。民得從便受粟,不出田裡,而食有餘。又貸之種糧,使隨秋賦以償,農事不乏。

知齊州,其治以疾奸急盜為本。曲堤周氏擁貲雄裡中,子高橫縱,賊良民,汙婦女,服器上僭,力能動權豪,州縣吏莫敢詰,鞏取置於法。章丘民聚黨村落間,號「霸王社」,椎剽奪囚,無不如志。鞏配三十一人,又屬民為保伍,使幾察其出入,有盜則鳴鼓相援,每發輒得盜。有葛友者,名在捕中,一日,自出首。鞏飲食冠裳之,假以騎從,輦所購金帛隨之,誇徇四境。盜聞,多出自首。鞏外視章顯,實欲攜貳其徒,使之不能復合也。自是外戶不閉。

河北發民浚河,調及它路,齊當給夫二萬。縣初按籍三

丁出夫一，鞏括其隱漏，至於九而取一，省費數倍。又弛無
名渡錢，為橋以濟往來。徙傳舍，自長清抵博州，以達於
魏，凡省六驛，人皆以為利。

　　徙襄州、洪州。會江西歲大疫，鞏命縣鎮亭傳，悉儲藥
待求，軍民不能自養者，來食息官舍，資其食飲衣衾之具，
分醫視診，書其全失、多寡為殿最。師征安南，所過州為萬
人備。他吏暴誅亟斂，民不堪。鞏先期區處猝集，師去，市
裡不知。加直龍圖閣、知福州。

　　南劍將樂盜廖恩既赦罪出降，餘眾潰復合，陰相結附，
旁連數州，尤桀者呼之不至，居人懼恐。鞏以計羅致之，繼
自歸者二百輩。福多佛寺，僧剎其富饒，爭欲為主守，賕請
公行。鞏俾其徒相推擇，識諸籍，以次補之。授帖於府庭，
卻其私謝，以絕左右繳求之弊。福州無職田，歲鬻園蔬收其
直，自入常三四十萬。鞏曰：「太守與民爭利，可乎？」罷
之。後至者亦不復取也。

　　徙明、亳、滄三州。鞏負才名，久外徙，世頗謂偃蹇不
偶。一時後生輩鋒出，鞏視之泊如也。過闕，神宗召見，勞
問甚寵，遂留判三班院。上疏議經費，帝曰：「鞏以節用為
理財之要，世之言理財者，未有及此。」帝以《三朝》、《兩
朝國史》各自為書，將合而為一，加鞏史館修撰，專典之，
不以大臣監總，既而不克成。會官制行，拜中書舍人。時自
三省百職事，選授一新，除書日至十數，人人舉其職，於訓

辭典約而盡。尋掌延安郡王籤奏。故事命翰林學士，至是特屬之。甫數月，丁母艱去。又數月而卒，年六十五。

鞏性孝友，父亡，奉繼母益至，撫四弟、九妹於委廢單弱之中，宦學婚嫁，一出其力。為文章，上下馳騁，愈出而愈工，本原《六經》，斟酌於司馬遷、韓愈，一時工作文詞者，鮮能過也。少與王安石游，安石聲譽未振，鞏導之於歐陽脩，及安石得志，遂與之異。神宗嘗問：「安石何如人？」對曰：「安石文學行義，不減揚雄，以吝故不及。」帝曰：「安石輕富貴，何吝也？」曰：「臣所謂吝者，謂其勇於有為，吝於改過耳。」帝然之。呂公著嘗告神宗，以鞏為人行義不如政事，政事不如文章，以是不大用雲。

（《宋史‧列傳》卷七十八）

▌曾鞏《齊州二堂記》原文、譯文、評註

［原文］

齊濱瀧水，而初無使客之館。使客至，則常發民調林木為舍以寓，去則撤之，既費且陋。乃為之徙官之廢屋，為二堂於瀧水之上，以舍客，因考其山川而名之。

蓋《史記‧五帝紀》謂：「舜耕歷山，漁雷澤，陶河濱，作什器於壽丘，就時於負夏。」鄭康成釋：歷山在河東，雷

澤在濟陰，負夏衛地。皇甫謐釋：壽丘在魯東門之北，河濱，濟陰定陶西南陶丘亭是也。以予考之，耕稼陶漁，皆舜之初，宜同時，則其地不宜相遠。二家所釋雷澤、河濱、壽丘、負夏，皆在魯、衛之間，地相望，則歷山不宜獨在河東也。《孟子》又謂舜東夷之人，則陶、漁在濟陰，作什器在魯東門，就時在衛，耕歷山在齊，皆東方之地，合於《孟子》。按圖記，皆謂《禹貢》所稱雷首山在河東，媯水出焉。而此山有九號，歷山其一號也。予觀《虞書》及《五帝紀》，蓋舜娶堯之二女乃居媯汭，則耕歷山蓋不同時，而地亦當異。世之好事者，乃因媯水出於雷首，遷就附益，謂歷山為雷首之別號，不考其實矣。由是言之，則圖記皆謂齊之南山為歷山，舜所耕處，故其城名歷城，為信然也。今濼上之北堂，其南則歷山也，故名之曰歷山之堂。

按圖，泰山之北，與齊之東南諸谷之水，西北匯於黑水之灣，又西北匯於柏崖之灣，而至於渴馬之崖。蓋水之來也眾，其北折而西也，悍疾尤甚，及至於崖下，則泊然而止。而自崖以北，至於歷城之西，蓋五十里，而有泉湧出，高或至數尺，其旁之人名之曰趵突之泉。齊人皆謂嘗有棄糠於黑水之灣者，而見之於此。蓋泉自渴馬之崖，潛流地中，而至此復出也。趵突之泉冬溫，泉旁之蔬甲經冬常榮，故又謂之溫泉。其注而北，則謂之濼水，達於清河，以入於海，舟之

通於齊者，皆於是乎出也。齊多甘泉，冠於天下，其顯名者以十數，而色味皆同，以予驗之，蓋皆濼水之旁出者也。濼水嘗見於《春秋》，魯桓公十有八年，「公及齊侯會於濼」。杜預釋：在歷城西北，入濟水。然濟水自王莽時不能被河南，而濼水之所入者，清河也，預蓋失之。今濼上之南堂，其西南則濼水之所出也，故名之曰濼源之堂。

夫理使客之館，而辨其山川者，皆太守之事也，故為之識，使此邦之人尚有考也。熙寧六年二月己丑記。

[譯文]

齊州瀕臨濼水，但是起初沒有專門供外地使客寓住的館舍。使客到了之後，往往是官府現徵集百姓調運木材修建館舍而居住，使客離開後再將其拆除，既浪費財物，又不美觀。於是，我任知州之後，拆除了官府廢棄的房舍，在濼水之畔建造了兩座高大堂屋以接待使客，我又去考察了當地的名山名水，從而給它們取個好名字。

據《史記‧五帝本紀》記載：「舜耕種於歷山，打魚於雷澤，造陶器於河水邊，做日用器件於壽丘，乘著時節到負夏去做生意。」鄭康成解釋說：歷山在河東（今指山西西南角、黃河轉彎處），雷澤在濟陰（今定陶，因在濟水之南而得名），負夏在衛國（今河南黃河北部、河北邯鄲及山東聊城西部一帶）。皇甫謐解釋說：壽丘在魯東門的北面，河濱

在濟陰郡定陶西南的陶丘亭。根據我的考證，耕種、製陶、捕魚，都是舜早年所做的事情，因此應當在同一時期，地點也不應該相距太遠。上面鄭康成、皇甫謐所解釋的雷澤、河濱、壽丘、負夏都在魯國、衛國之間，距離不遠，因此歷山不可能單獨在河東。《孟子》又說舜是東夷人，那麼製陶、捕魚在濟陰，製作生活器具都在魯國東門，做生意在衛國，耕種的地點歷山在齊國，這些地方都是東方之地，與《孟子》所說正相吻合。地方志都認為《禹貢》所說的雷首山在黃河以東，媯水出於其中，而這座山有九個名稱，歷山只是其中一個。我檢閱《虞書》和《史記·五帝本紀》，載有舜娶堯的兩個女兒居住在媯汭（ㄍㄨㄟ ㄖㄨㄟˋ，媯水轉彎處），與耕種歷山並不同時，故而地點也應當有差異。世上有些好事之徒，看到媯水出於雷首山，就牽強附會地認為歷山是雷首山的別稱，並沒有考察實際情況。因此可以說，地方志書都認為齊州的南山為歷山，舜曾經在此耕種，所以城市的名字也叫歷城，這是非常可信的。如今，濼水之畔的北堂，南面正對著歷山，所以取名為歷山堂。

根據地方志，泰山的北面與齊州東南各山谷的水流向西北匯入黑水灣，又向西北流入柏崖灣，一直到渴馬崖。由於水流眾多，流向西北時氣勢洶湧，等到了渴馬崖卻又安靜下來。渴馬崖往北五十里，到歷城城西有一股泉水噴湧而出，高度可達數尺，住在旁邊的當地居民稱之為「趵突泉」。濟

濼源堂

南人都說曾經把米糠丟進黑水灣，（過不多時）就會在趵突泉泛上來。因此，泉水應當是從渴馬崖下面流出，潛伏於地下，一直流到這裡才噴湧而出。

趵突泉泉水冬天很溫暖，泉水旁邊的蔬菜經歷整個冬季都長勢茂盛，所以人們又稱它溫泉。此泉水流向北之河，稱之為濼水，一直流入清河，從而進入大海。舟船若要駛入、駛出濟南，都要經過這裡。濟南這個地方，多甘洌的泉水，天下第一，光著名的泉眼就有數十處，顏色、味道皆相同。經過我的考證，這些泉水都是濼水的旁支湧出來的。濼水曾經出現於《春秋》中，魯桓公十八年，桓公與齊侯會盟於濼水之畔。杜預解釋（濼水）時說，在歷城西北，匯入濟水。濟水自王莽之時因乾旱而不能流經黃河以南，而濼水所匯入的是清河，杜預很可能是註釋有誤。如今，建在濼水之畔的南堂，其西南就是濼水的源頭，所以把該堂命名為濼源堂。

修繕使客館舍，並由此辨別山川形勢，這是太守的職責

和義務所在，故而將此記載下來，使當地的老百姓能夠知曉這些地理的來龍去脈。記於熙寧六年二月己丑日。

[評註]

就文體而言，這是一篇記敘文，並不是學術論文，所以考證必須以簡潔為主。然而，簡潔並不能有疏漏，既要言簡又要意賅，因此在取捨之間要頗費一番思量。這篇文章可以說是後來桐城派主張的義理、辭章、考據三項標準之考據的代表之作，此類文章往往易流於枯燥，而曾文卻沒有拖泥帶水，僅以八百四十六個字的篇幅，便把歷山、趵突泉的來龍去脈進行了嚴謹、縝密的考證，使一個極易惹出風花雪月之情的題材，卻被曾鞏拿捏得恰到好處。所以，《宋史》稱其文章是「上下馳驟，愈出而愈工，本願六經，斟酌於司馬遷、韓愈，一時工作文詞者，鮮能過也」，實不為過！

▌曾鞏《齊州北水門記》節選、譯文、評註

[原文]（節選）

濟南多甘泉，名聞者以十數。其醴而為渠，布道路、民廬、官寺，無所不至，灝灝分流，如深山長谷之間。其匯而為渠，環城之西、北，故北城之下疏為門以泄之。若歲水溢，城之外流潦暴集，則常取荊葦為蔽，納土於門，以防外

水之入，既弗堅完，又勞且費。至是，始以庫錢買石，傭民為工，因其故門，累石為兩涯，其深八十尺，廣三十尺，中置石樞，析為二門，局皆用木，視水之高下而閉縱之。於是內外之水，禁障宣通，皆得其節，人無後虞，勞費以熄。其用工始於二月庚午，而成於三月丙戌。

［譯文］（節選）

濟南這個地方遍布甘泉，光著名的就有十餘處。泉水流成條條河渠，遍布道路兩旁、民居前後、官府敕設的寺院內外，可以說是無處不至，河渠的水湧動前行，彷彿流動在深山長谷之間。（最後）匯成一條廣渠，環繞在城西和城北，所以，在北城牆下開闢一城門以宣泄城內積水。然而，若遇上洪澇季節，城外河水暴漲，就以荊條和葦子為遮障，再用土將北門培上，以防止城外的水倒灌，但這樣既不堅固，又勞民傷財。我到任後，開始以官府存銀購買石頭，僱傭百姓作為勞力，利用原來的城門，用石頭壘砌了兩岸石牆，進深為八十尺，寬度為三十尺，中間安置了石頭閘基，閘基上裝有兩大扇木門，根據水位高低決定水閘的開閉。於是，城內積水，則開閘；城外積水有倒灌之勢，則關閉閘門。這樣，城內外積水可以任由調節到位，人們（在雨季）不用再日夜值守，也不再耗費人力物力了。北水門的改造自熙寧五年二月庚午日開始，至同年三月丙戌日竣工。

[評註]

　　曾鞏〈齊州北水門記〉全文不足三百字，以上是該文的主體部分，不足兩百字。其後還有八十餘字，所記為與該工程相關的另外兩人的姓名與職務、建造時間及寫記的原因等。全文雖短，但寫得暢快淋漓，於敘述中可見作者之真情。作者首先寫濟南的泉水概貌，交代北水門之水的來歷，次寫歷年來治水費材費力而水患得不到根治，再寫他親自率民治水的做法以及北水門的形制。水患得到根治，且勞費以息，他欣慰無限。〈齊州北水門記〉是一篇精巧短文，今人評價該文，「不見波瀾起伏，但委曲有致；不曾嚴分段落，卻層次分明。」（榮斌〈曾鞏在濟南〉，見齊魯書社二〇〇二年年十二月第一版《濟南名士評傳》古代卷）

紀念曾鞏齊州善政

┃ 曾鞏〈齊州雜詩序〉

［原文］

　　齊故為文學之國，然亦以朋比誇詐見於習俗。今其地富饒，而介於河岱之間，故又多獄訟，而豪猾群黨亦往往喜相攻剽賊殺，於時號難治。

　　余之疲駑來為是州，除其奸強而振其弛壞，去其疾苦而撫其善良。未期圄圜多空，而桴鼓幾熄，歲又連熟，州以無事。故得與其士大夫及四方之賓客，以其暇日，時遊後園。或長軒嶢榭，登覽之觀，屬思千里；或芙蕖荃荷，湖波渺然，縱舟上下。雖病不飲酒，而間為小詩，以娛情寫物，亦拙者之適也。通儒大人或與余有舊，欲取而視之，亦不能隱。而青、鄆二學士又從而和之，士之喜文辭者，亦繼為此作，總之，凡若干篇。

　　豈得以余文之陋，而使夫宗工秀人雄放瑰絕、可喜之辭，不大傳於此邦也。故刻之石而並序之，使覽者得詳焉。

　　熙寧六年二月己丑序。

曾鞏〈越州趙公救災記〉原文、譯文

[原文]

熙寧八年夏，吳越大旱。九月，資政殿大學士、右諫議大夫知越州趙公，前民之未饑，為書問屬縣：災所被者幾鄉，民能自食者有幾，當廩於官者幾人，溝防構築可僦民使治之者幾所，庫錢倉粟可發者幾何，富人可募出粟者幾家，僧道士食之羨粟書於籍者其幾具存，使各書以對，而謹其備。

州縣吏錄民之孤老疾弱、不能自食者二萬一千九百餘人以告。故事，歲廩窮人，當給粟三千石而止。公斂富人所輸，及僧道士食之羨者，得粟四萬八千餘石，佐其費。使自十月朔，人受粟日一升，幼小半之。憂其眾相蹂也，使受粟者男女異日，而人受二日之食。憂其流亡也，於城市郊野為給粟之所凡五十有七，使各以便受之而告以去其家者勿給。計官為不足用也，取吏之不在職而寓於境者，給其食而任以事。不能自食者，有是具也。能自食者，為之告富人無得閉糶。又為之官粟，得五萬二千餘石，平其價予民。為糶粟之所凡十有八，使糴者自便如受粟。又僦民完城四千一百丈，為工三萬八千，計其傭與錢，又與粟再倍之。民取息錢者，告富人縱予之而待熟，官為責其償。棄男女者，使人得收養之。

明年春，大疫。為病坊，處疾病之無歸者。募僧二人，屬以視醫藥飲食，令無失所恃。凡死者，使在處隨收瘞之。

法，廩窮人，盡三月當止，是歲盡五月而止。事有非便文者，公一以自任，不以累其屬。有上請者，或便宜多輒行。公於此時，蚤夜憊心力不少懈，事細巨必躬親。給病者藥食多出私錢。民不幸罹旱疫，得免於轉死；雖死，得無失斂埋，皆公力也。

是時，旱疫被吳越，民饑饉疾癘，死者殆半，災未有巨於此也。天子東向憂勞，州縣推布上恩，人人盡其力。公所拊循，民尤以為得其依歸。所以經營、綏輯、先後、終始之際，委曲纖悉，無不備者。其施雖在越，其仁足以示天下；其事雖行於一時，其法足以傳後。蓋災沴之行，治世不能使之無，而能為之備。民病而後圖之，與夫先事而為計者，則有間矣；不習而有為，與夫素得之者，則有間矣。予故采於越，得公所推行，樂為之識其詳，豈獨以慰越人之思，將使吏之有志於民者不幸而遇歲之災，推公之所已試，其科條可不待頃而具，則公之澤豈小且近乎！

公元豐二年以大學士加太子保致仕，家於衢。其直道正行在於朝廷，豈弟之實在於身者，此不著。著其荒政可師者，以為〈越州趙公救災記〉云。

[譯文]

　　熙寧八年（西元一〇七五年）夏天，吳越地區遭遇嚴重旱災。同年九月，資政殿大學士、右諫議大夫趙公出任越州知州。在百姓尚未被饑荒所苦之前，他就下文詢問所屬各縣，旱災涉及多少個鄉鎮？百姓能夠養活自己的有多少戶？有多少人需要官府救濟？可以僱傭民工修築溝渠堤防的有多少處？倉庫裡的錢款、糧食可供發放的有多少？可以徵募出糧的富戶有多少家？僧人道士以及讀書人吃剩的餘糧記錄於簿籍的有多少實存？讓各縣呈文上報知州，以便做好救災的各項準備工作。（為救災前期準備，做到胸有成竹，努力不出紕漏。——張注）

　　根據州縣官吏登記報告，全州孤寡衰老、疾病貧弱、不能自給的百姓共有二萬一千九百多人。依照過去規矩，官府每年發給窮人救濟，只發到三千石糧米就可以了。然而，趙公徵集富戶人家募捐的，以及僧人道士多餘的糧米，共得四萬八千多石，可以此來補足救災的費用。同時規定，需要救濟者從十月初一開始，每人每天領一升救濟糧，孩童減半。趙公擔心領糧米時，人太多會相互踐踏，於是規定男人女人在不同的日子領取救濟，並且每人一次領兩天的口糧。趙公又擔心鄉民將逃往外地，就在城鎮郊外設置了發糧點共五十七處，讓人們就近方便領糧，並通告大家，離開家鄉

者，不得領取救濟糧。他擔心辦理發糧的官吏不夠用，便選用不在現職而寓居本地的官吏，發給俸祿讓他們協助發糧。不能自給的百姓就按上述措施辦理。能夠買得起糧食的人，就告誡富人不能囤積居奇。他又抽出官庫儲備糧五萬二千餘石，低價賣給百姓，共設置賣糧點十八處，讓百姓各自方便購買，就像接受賑濟一樣。他還僱傭民工修補城牆四千一百丈，共費工三萬八千個，折合成勞動量發給工錢，再給他們兩倍的糧食。有願意出利息借錢的老百姓，官府勸告富人放手借錢給他們，等莊稼收穫後，官府為債主出面督促還貸。被遺棄的男女孩童，讓人可以任意收養。（忙亂之際，趙抃卻籌劃得周到細緻，各項措施，有條不紊。── 張注）

第二年春天，（越州）發生重大瘟疫。官府設立病坊，安置無家可歸的病人；招募兩位僧人，把照料病人的醫藥和飲食委託給他們，讓那些病人不失去依靠。（頗似今日之隔離點或方艙醫院。── 張注）凡是病死者，各地可隨時掩埋。

按照法令，遇災年給窮人發放救濟滿三個月就停止，這一年發放到五個月才結束。有不便行公文處理的事情，趙公一概自己擔當責任，不推卸責任給下屬官員。有提出建議的，只要有利於戰勝瘟疫，就立即施行。（勇於擔責，敢於擔當！── 張注）趙公在這段時間，早晚勞心力從未稍

微懈怠，事無巨細必定親力親為。病人吃藥吃飯的開銷，多由趙公自己掏錢支付。百姓不幸身染瘟疫，由此能避免輾轉死去；即使不幸身亡，也能及時得到安葬。這些都是趙公的功勞。

這次旱災、瘟疫遍及吳越一帶，百姓遭受饑荒瘟病，死亡近半，災難從未如此嚴重。天子為之憂勞，州縣推布天子恩德，人人盡力而為。趙公救死扶傷的義舉，使百姓尤其得到了妥善安置。趙公當時出謀劃策、前後製定了各種應對措施，可以說是周到細緻，關懷備至。他賑災抗疫雖然只在越州，然而他的仁愛之心卻足夠昭示天下；他救災抗疫的措施雖然只是一時之事，卻足以流傳後世。災難的發生，太平盛世也不可能避免，但可以充分做好防備。百姓遭受疾苦之後才去思考對策，與事先就未雨綢繆，兩者之間就有很大差距了。匆匆忙忙地應對，與訓練有素地專業處理，兩者之間同樣也有很大差距。我特意到越地走訪，得知趙公推行的各項措施，很樂意把它詳細地記載下來。這不僅用來寬慰越州人對趙公的思念感激之情，更重要的是，將使後來有心為民做事的官吏在不幸遇到災年的時候，能推行趙公曾經行之有效的辦法，如此，就不必費多少時間就制定好，哪裡能說趙公的恩澤僅僅局限於一地或一時呢？

趙公於元豐二年，以大學士加太子少保退休，歸家還鄉

在衢州。他在朝廷的直道而行，在家庭的孝悌仁義，就不再詳細介紹。只是記錄他可以讓人師法的救災抗疫治理方略，以此寫成〈越州趙公救災記〉一文。

（趙抃的救災抗疫之措施，可以概括為三點：第一，隔離制度，建設專門的隔離醫坊；第二，用充足的物資保障，避免人口流動造成疫病傳播蔓延；第三，事前掌握疾疫真實情況，制定切實可行的防控方案，並用嚴格規定和嚴厲處罰，避免下屬官員的不作為、亂作為。—— 張注）

▌ 曾鞏年譜

天禧三年（西元一○一九年）八月二十五日申時，曾鞏生於南豐南城，時年，父曾易占三十一歲，母吳氏二十八歲。

天禧四年（西元一○二○年）曾鞏二歲。歐陽脩十四歲。

天禧五年（西元一○二一年）曾鞏三歲。王安石生。

乾興元年（西元一○二二年）曾鞏四歲。曾宰生。

天聖元年（西元一○二三年）曾鞏五歲；時年，宋仁宗趙禎即位。

天聖二年（西元一○二四年）曾鞏六歲；時年，父曾易占登宋郊榜進士。

天聖三年（西元一○二五年）曾鞏七歲；始讀書。

天聖四年（西元一○二六年）曾鞏八歲；十月十五日，生母吳氏卒，年三十有五。

天聖五年（西元一○二七年）曾鞏九歲。

天聖六年（西元一○二八年）曾鞏十歲；時年，父曾易占薦為監
　　　　真州（今江蘇儀征）米倉。不久遷太子中允太常丞博
　　　　士。

天聖七年（西元一○二九年）曾鞏十一歲。

天聖八年（西元一○三○年）曾鞏十二歲，試作〈六論〉，援筆
　　　　而成，辭甚偉。甫冠，名聞四方。歐陽脩見其文，奇之。
　　　　歐陽脩中進士。

天聖九年（西元一○三一年）曾鞏十三歲，善屬文。

明道元年（西元一○三二年）曾鞏十四歲，時年，父曾易占出任
　　　　泰州如皋縣知縣（治所今江蘇省如皋市），曾鞏隨父
　　　　任就讀；時年長兄曾曄生長子：曾覺。

明道二年（西元一○三三年）曾鞏十五歲，隨父在任所。

景祐元年（西元一○三四年）曾鞏十六歲；時年，父曾易占調任
　　　　信州玉山知縣（治所今江西省上饒市玉山縣）。

景祐二年（西元一○三五年）曾鞏十七歲；時年，五弟曾布生於
　　　　六月二十九日亥時。

景祐三年（西元一○三六年）曾鞏十八歲；隨父任就讀；入京進
　　　　士試不中。

景祐四年（西元一○三七年）曾鞏十九歲；時年，父曾易占遭誣
　　　　陷突然被罷官，曾家此時無人為官。

寶元元年（西元一○三八年）曾鞏二十歲；居南豐。

寶元二年（西元一○三九年）曾鞏二十一歲；居南豐。

康定元年（西元一○四○年）曾鞏二十二歲；居南豐。

慶曆元年（西元一〇四一年）曾鞏二十三歲；入京游太學，謁歐
陽脩，得賞識。與王安石相識。

慶曆二年（西元一〇四二年）曾鞏二十四歲；落第回家。

慶曆三年（西元一〇四三年）曾鞏二十五歲；王安石訪曾鞏。

慶曆四年（西元一〇四四年）曾鞏二十六歲；祖母卒。

慶曆五年（西元一〇四五年）曾鞏二十七歲；患肺病。

慶曆六年（西元一〇四六年）曾鞏二十八歲。

慶曆七年（西元一〇四七年）曾鞏二十九歲；五月二十四日，父
曾易占卒，年五十有八。時年，繼母朱氏九月初二生
幼弟曾肇。

慶曆八年（西元一〇四八年）曾鞏三十歲；買田於南豐。居父喪。

皇祐元年（西元一〇四九年）曾鞏三十一歲；居父喪。

皇祐二年（西元一〇五〇年）曾鞏三十二歲；服除。

皇祐三年（西元一〇五一年）曾鞏三十三歲；曾鞏兄弟耕讀於鄉
里。

皇祐四年（西元一〇五二年）曾鞏三十四歲；曾鞏兄弟耕讀於鄉
里。

皇祐五年（西元一〇五三年）曾鞏三十五歲；長兄曾曄卒於江州，
年四十有五。曾鞏兄弟等赴京應試，未中。

至和元年（西元一〇五四年）曾鞏三十六歲；曾鞏兄弟耕讀於鄉
里。娶妻晁文柔。晁氏，諱德儀，字文柔，開封府祥
符縣人。

至和二年（西元一〇五五年）曾鞏三十七歲；曾鞏兄弟耕讀於鄉里。

嘉祐元年（西元一〇五六年）曾鞏三十八歲；原配晁氏生長子：曾綰。

嘉祐二年（西元一〇五七年）曾鞏三十九歲；曾鞏帶領弟弟曾牟、曾布、曾阜，妹夫王無咎、王彥深赴京師，參加由歐陽脩主持的科舉考試，一門六人全部中第。曾鞏被任命為太平州（今安徽當塗）司法參軍。

嘉祐三年（西元一〇五八年）曾鞏四十歲；原配晁氏生次子：曾綜。

嘉祐四年（西元一〇五九年）曾鞏四十一歲；原配晁氏生長女曾慶老。

嘉祐五年（西元一〇六〇年）曾鞏四十二歲；奉召回京，編校史館書籍，遷館閣校勘、集賢校理，兼判官告院。嘗為英宗實錄檢討官；歷九年。

嘉祐六年（西元一〇六一年）曾鞏四十三歲；十一月壬申，長女曾慶老三歲而夭。時年，四弟曾宰登進士第。妻晁氏病。

嘉祐七年（西元一〇六二年）曾鞏四十四歲；原配晁氏文柔二月甲子卒於京師，年二十有六。

嘉祐八年（西元一〇六三年）曾鞏四十五歲。

治平元年（西元一〇六四年）曾鞏四十六歲；喬居於臨川後湖田東第；繼娶司農少卿李禹卿之女為妻；時年，宋英宗趙曙即位。

治平二年（西元一〇六五年）曾鞏四十七歲；繼室李氏生次女曾
　　興老。時年兄曾畢長子曾覺登進士第，年三十四。

治平三年（西元一〇六六年）曾鞏四十八歲；九月甲寅，次女曾
　　興老卒，時始二歲。

治平四年（西元一〇六七年）曾鞏四十九歲；繼室李氏生第三子：
　　曾綱。幼弟曾肇登進士第。

熙寧元年（西元一〇六八年）曾鞏五十歲；四月乙巳，四弟曾宰
　　卒於湘潭；時年，宋神宗趙頊即位。

熙寧二年（西元一〇六九年）曾鞏五十一歲；時任越州通判（治
　　所今浙江省紹興市）。

熙寧三年（西元一〇七〇年）曾鞏五十二歲；時年，侄曾覺卒，
　　年三十有八。

熙寧四年（西元一〇七一年）曾鞏五十三歲；六月，任齊州知州
　　（治所今山東省濟南市）；原配晁氏文柔追封宜興縣
　　君。

熙寧五年（西元一〇七二年）曾鞏五十四歲；在濟任職。

熙寧六年（西元一〇七三年）曾鞏五十五歲；六月，由濟南任上
　　任襄州知州（治所今湖北省襄陽市襄州區）。

熙寧七年（西元一〇七四年）曾鞏五十六歲；曾鞏九妹去世。

熙寧八年（西元一〇七五年）曾鞏五十七歲；時年長子曾綰生長
　　子：曾悊。

熙寧九年（西元一〇七六年）曾鞏五十八歲；長子曾綰生次子：
　　曾忠。

熙寧十年（西元一〇七七年）曾鞏五十九歲；先任洪州知州（治
　　　　　所今江西省南昌市）進直龍圖閣，後知福州（治所今
　　　　　福建省福州市），兼福建路兵馬鈐轄，賜緋衣銀魚，
　　　　　召判太常寺，未至；時年二月庚申，原配晁氏文柔葬
　　　　　於建昌軍南豐縣龍池鄉之源頭；始以三月庚申瘞二女
　　　　　於南豐之源頭，同穴，慶老在右，興老在左，是為志。
　　　　　時年三月庚申，四弟曾宰葬於南豐龍池鄉之源頭。

元豐元年（西元一〇七八年）曾鞏六十歲；正月二十五日，任明
　　　　　州知州（治所今浙江省寧波市）。

元豐二年（西元一〇七九年）曾鞏六十一歲；移任亳州（治所今
　　　　　安徽省亳州市）。

元豐三年（西元一〇八〇年）曾鞏六十二歲；轉任滄州知州，過
　　　　　京師，神宗召見時，他提出節約為理財之要，頗得神
　　　　　宗賞識，留判三班院。時年，長子曾綰生四子：曾忞。

元豐四年（西元一〇八一年）曾鞏六十三歲；神宗以其精於史學，
　　　　　委仕史館修撰，編纂五朝史綱。

元豐五年（西元一〇八二年）曾鞏六十四歲；四月，擢試中書舍
　　　　　人，賜服金紫。自大理寺丞，五遷尚書度支員外郎，
　　　　　授朝散郎，勛累加輕車都尉，拜中書舍人。時年九月
　　　　　二十八日，繼母朱氏卒，年七十有二。時年，長子曾
　　　　　綰生幼子：曾憇。

元豐六年（西元一〇八三年）曾鞏六十五歲；四月十一日終於江
　　　　　寧府（今南京市）。

　　曾鞏一生著述豐富，有《元豐類稿》五十卷、《續元豐類稿》四十卷、《外集》十卷流行於世。另外，他還著有《衛道錄》、《大學稽中傳》、《禮經類編》、《雜職》、《宋朝政要策》、《詩經教考》等。

後記

寫這本小冊子，字數不多，按說不難。

寫這本小冊子，實在還真不易。

第一，我沒偷懶。曾鞏在濟南為官整整兩年，寫作伊始，我就叮囑自己，就寫曾鞏與濟南。如果要寫《曾鞏一生》估計寫個五六十萬字甚至更多也沒大問題。但只寫曾鞏在濟南的兩年七百餘天，難度就大了，況且史料有限，《宋史》、〈行狀〉、〈神道碑〉，牽涉濟南的曾鞏事蹟只有以百餘字計。以寥寥數語敷衍成篇，不亦難乎？當然，為讀者了解時代背景、曾鞏背景以及濟南背景，有些地方還是進行了一些我自己覺得必要的鋪陳，對曾鞏的詩文做了一些畫蛇添足，甚至是理解有誤的解釋，這還有求於讀者們予以寬宏大量的理解、諒解和教正。

第二，我盡了心。筆者不敢保證書中無一字無來歷，但在史料的選擇抑或是論證上還是下了些許工夫的。曾鞏知齊的時間，即便在一些專家、教授的著述中，也是眾說紛紜，有熙寧四年說，有熙寧五年說；有某年六月說，也有某年正月說。為了細節的真實，五十卷《南豐類稿》我從頭到尾翻了數遍，才敢寫下本書開頭那句話：「宋神宗熙寧四年，也就是西元一〇七一年，這年春夏兩季，齊州大地久旱無雨。

天上烈日當頭，驕陽似火；地上禾苗枯焦，土地乾裂。農曆六月十三那天，天上突然烏雲密布，隨著陣陣雷鳴，一場大雨從天而降。既而，雨過天晴，天地一新。人們興奮地湧上街頭，歡呼著，雀躍著，擊鼓焚香感激老天爺降下甘霖。這天早上，五十三歲的江西南豐人曾鞏剛進濟南地界，就遇上了這場雨。他和隨從策馬揚鞭，冒雨前行。他要盡快趕到城裡的衙署，正式接印視事，擔任齊州知州。」「六月十六日，在州衙舉行完接印儀式。」這其實得益於曾鞏先生自己所言，他來到濟南一週年之際曾寫下《去年久旱，六月十三日入境，得雨。今年復旱，得雨，亦六月十三日也》一詩；接印時間自然以他的《齊州謝到任表》那句「伏奉敕命，就差知齊州軍州事，已於今月十六日到任上訖」為本。

還有，曾鞏老師歐陽脩的卒年，一般認為，歐陽脩卒日為「閏七月二十三」，但公曆則有「九月二十二日」、「九月二十三日」諸說。若為九月二十二日或二十三日，農曆與公曆則已近六十天，不符合一五八二年年改曆前的規律。為此，書中採用「九月八日」說，這樣陰、陽曆相差四十五天左右，符合當年「十一月十九日——公曆十二月三十一日」對應相差四十二天左右的情形。

本書中類似細枝末節還有很多，不再一一列舉，有請讀者自行細辨。

　　第三，我還要努力。講故事，說的是生動的敘事方式，盡量不說教；講濟南故事，說的是表達的主題不能跑偏，東扯葫蘆西扯瓢顯然不行；講好濟南故事，說的是要有專業實力，運用語言把有特性的濟南故事講得生動活潑，讓讀者喜聞樂見，同時講好濟南歷史文化的正能量，以提高人們的文化自覺、提振人們的文化自信、提升人們的文化自豪；講好那些鮮為人知的濟南好故事，祕訣就在於發現、挖掘濟南故事中的新線索、新元素，深入掌握濟南文化的內在規律和背後成因。在這些方面，我做了一些努力，但顯然努力得還不夠，差距還很大很大，必須繼續努力。

　　至於本書內容如何，是否有點新意，是否還存在諸多不盡如人意，甚至錯訛之處，則只有期待著讀者們和方家的鑒定了。

張繼平

寫於濟南拾荒齋

電子書購買

國家圖書館出版品預行編目資料

千秋醇儒曾鞏：筆力雄贍、填詞度曲、倡揚儒
學，文名詩譽名噪天下，水之江漢星之斗 / 張
繼平著 . -- 第一版 . -- 臺北市：崧燁文化事業有
限公司 , 2023.06
面；　公分
POD 版
ISBN 978-626-357-405-2(平裝)
1.CST: (宋) 曾鞏 2.CST: 傳記
782.8515　112007386

千秋醇儒曾鞏：筆力雄贍、填詞度曲、倡揚儒學，文名詩譽名噪天下，水之江漢星之斗

臉書

作　　　者：張繼平
發 行 人：黃振庭
出 版 者：崧燁文化事業有限公司
發 行 者：崧燁文化事業有限公司
E-mail：sonbookservice@gmail.com
粉 絲 頁：https://www.facebook.com/sonbookss/
網　　　址：https://sonbook.net/
地　　　址：台北市中正區重慶南路一段六十一號八樓 815 室
Rm. 815, 8F., No.61, Sec. 1, Chongqing S. Rd., Zhongzheng Dist., Taipei City 100, Taiwan
電　　　話：(02) 2370-3310　　　傳　　　真：(02) 2388-1990
印　　　刷：京峯彩色印刷有限公司（京峰數位）
律師顧問：廣華律師事務所 張珮琦律師

-版權聲明

定　　　價：299 元
發行日期：2023 年 06 月第一版
◎本書以 POD 印製